Horst Rumpf
Ernst-Michael Kranich

Welche Art von Wissen braucht der Lehrer?

Ein Einspruch gegen
landläufige Praxis

Mit einem Beitrag von Peter Buck

Klett-Cotta

Klett-Cotta
© J. G. Cotta'sche Buchhandlung Nachfolger GmbH,
gegr. 1659
Stuttgart 2000
Fotomechanische Wiedergabe nur mit Genehmigung des
Verlags
Alle Rechte vorbehalten
Printed in Germany
Schutzumschlag: heffedesign, Rodgau
Gesetzt aus der 9,5 Punkt Candida von topset Computersatz,
Nürtingen
Bildreproduktion: topset Computersatz, Nürtingen
Auf säure- und holzfreiem Werkdruckpapier gedruckt und
gebunden von Freiburger Graphische Betriebe, Freiburg i. Br.
ISBN 3-608-94276-9

Die Deutsche Bibliothek – CIP-Einheitsaufnahme
Ein Titeldatensatz für diese Publikation ist bei
der Deutschen Bibliothek erhältlich.

Inhalt

Horst Rumpf

Die Ausgangsfrage

Man kann etwas studieren und lehren, ohne je von der Frage berührt worden zu sein, aus welchen Neugierden und Irritationen diese nun studierbar gewordenen Erkenntnisse hervorgegangen sind. Und man kann etwas studieren und lehren, ohne je etwas von der sinnlichen Faszination der wahrnehmbaren Welten gespürt zu haben, die das Fundament allen menschlichen Nachdenkens und Verstehens sind.

Solche erfahrungsschwachen Arten des Lernens und Lehrens wurden in den letzten 200 Jahren immer wieder kritisiert – bei Lichtenberg und Adorno, bei Nietzsche und Pädagogen wie Wagenschein. Die Menschen neigen dazu, sich angesichts der Überfülle andrängender Kultur- und Wissensinhalte in schnell zu handhabende Erklärungen, Wertungen, Einordnungen zu flüchten – ohne sich noch auf die Annäherungen und Auseinandersetzungen einzulassen, die allein die innere Kultur befördern. Georg Simmel schrieb im Jahr 1900: «Diese Diskrepanz zwischen der objektiv gewordenen und der subjektiven Kultur scheint sich stetig zu erweitern.» (Simmel 1983, S. 98)

Und so drohen Erkenntnisse und Kulturinhalte zu verkommen: Aus dem, was sich in intensiver und reflektierter Weltzuwendung niederschlägt, werden möglichst effizient zu speichernde und abzurufende Informationsmengen, Unterhaltungsobjekte, besitzanzeigende Trophäen, die zu besichtigen sind – oder aber auch Lehr- und Prüfungsstoffe, die wie Hürden auf dem Weg zu einem Abschlußzeugnis zu bewältigen sind.

Unsere Universitäten und Schulen sind demnach zutiefst bedroht von der Gleichgültigkeit gegenüber den dort behandelten Inhalten. Man lernt, lehrt, studiert, eingeschüchtert von einem Expertentum, dem allein man noch Durchblick zutraut, ohne sich verantwortlich für Bedeutsamkeit und Wahrheit der verhandelten Sache zu spüren. Die weiteren Folgen dieser Art von Wissenschaftsausbreitung skizzierte vor 30 Jahren Jacques

7

Barzun (im Vorwort zu Toulmins Schrift *Voraussicht und Verstehen*):

> Unterdessen nötigen die Schulen allen Schülern, außer denen der Elementarklasse, «wissenschaftliche Pflichtfächer» auf, in denen die Bemühungen bei drei Vierteln ihrer Opfer so gut wie verschwendet sind. Sie verlassen Schule und College und erinnern sich, wenn sie «Wissenschaft» hören, nur an «Langeweile und Schwierigkeiten». (Barzun 1968, S. 10)

Der Fundamentaldefekt sitzt zu tief, als daß er einfach durch «mehr Geld für Bildung», durch inhaltliche Verschiebungen («Entrümpelung», mehr Sozialwissenschaften) oder durch Veränderung der quantitativen Verhältnisse zwischen Lehrenden und Lernenden angegangen werden könnte – oder gar durch die Forcierung sachäußerlicher didaktischer Zurichtungstechniken. Gegen die schleichende Abwesenheit der Sachen und Menschen in den äußerlich überfüllten und auf Hochtouren laufenden Belehrungseinrichtungen helfen weder Bildungspredigten, die zu mehr Persönlichkeitsbildung aufrufen, noch psycho- oder soziohygienische bzw. lerntechnologische Ergänzungsprogramme. Sie lassen den Herd der Auszehrung unbearbeitet.

Die hier zugespitzte Aufmerksamkeitsrichtung hebt sich auch ab von den Grundzügen der aktuellen Lehrerbildungskritik. Denn die zielt ja einerseits auf die Verstärkung bzw. die verstärkte Integration von Praxisanteilen in die theoretische Ausbildung, andererseits auf die Vermehrung sozial- bzw. erziehungswissenschaftlicher Anteile im Studiengang ab. Dabei bleiben freilich die hier ins Auge gefaßten neuralgischen Punkte – die Art von Wissenschaftsrealisierung quer zu Einzelinhalten und Praxisreflexionen – weitgehend außer Betracht.

Die hier vorgelegten Essays suchen, unbescheiden genug, den Wurzeldefekt in einer bestimmten Ausprägung von Wissenschaftlichkeit und den daraus hervorgehenden Wissens- und Vermittlungsformen bewußtzumachen: Es geht um die Art der Wissenschaftsakzentuierung, um nicht zu sagen: der Wissenschaftsaura, die alle Phasen und Inhalte der landläufigen Lehrerbildung durchdringt.

Sie suchen dagegen einen Wissenschaftshabitus zu umschreiben und der Lehrerbildung nahezulegen, der durch zwei Grundzüge zu charakterisieren wäre: Er nimmt zum einen das wahrnehmende Erkennen der sinnlich-symbolischen Gestalten der Welt ebenso nachhaltig ernst wie zum andern die Spuren des Staunens und der anfänglichen Nachdenklichkeit angesichts der Ungereimtheiten und Unbekanntheiten der Gegebenheiten um uns. Beide Aufmerksamkeitsrichtungen stehen komplementär zueinander – die erstgenannte ist nachhaltiger repräsentiert in der Studie von Ernst-Michael Kranich, die zweite in meinem Beitrag.

Diese beiden Abhandlungen, einen Schritt weit in ein bestimmtes Fachgebiet weitergeführt von Peter Buck, verzichten um der Konzentration auf die Kernfrage willen auf die Behandlung von Folgeproblemen (wie z.B. dem der Institutionalisierung).

Die hier vorgelegte «Anmahnung» ist auch hervorgegangen aus der vieljährigen Zusammenarbeit von Wissenschaftlern aus dem Umkreis der Waldorfpädagogik, die in der Lehrerbildung tätig sind, mit Vertretern der universitären Erziehungswissenschaft im Rahmen eines sich regelmäßig treffenden Kolloquiums.

Daraus, daß eine Wissensbildung angemahnt wird, die sensibel für Annäherungen und für anzuschauende Qualitäten von Gegebenheiten ist, darf nicht geschlossen werden, daß es im Studium nicht auch legitimerweise andere Spielarten des Wissens und seiner Übereignung geben dürfe und müsse. Es gibt selbstredend auch Formen, sich Kenntnisse durch das Studium von in Texten und in anderen Symbolformen niedergelegtem Wissen anzueignen, das von subjektiven Betroffenheiten abstrahiert. In Monokultur betrieben, kann es freilich zu einer Haltung führen, die Studieren durch Lernen ersetzt – nur mehr angelesenes Wissen führt zur Expertengläubigkeit und bedroht den darauf aufbauenden Schulunterricht mit Auszehrung.

9

Schließlich, um noch ein mögliches Mißverständnis abzuwehren: Diese Erinnerung an subjekt- und phänomensensible Formen des Umgangs mit der Welt und der Wissenschaft hat nichts gemein mit einem Plädoyer für subjektivistische Beliebigkeit oder gar mit dem Verzicht auf Entäußerung, Konzentration, Disziplin der Aufmerksamkeit, des Denkens, der Sprache.

Die zentralen Essays sind durch eine Reihe von Rahmentexten ergänzt, die – wie skizzenhaft auch immer – die hier vertretenen Grundthesen näher bestimmen und konkretisieren.

TEIL I

Welche Art von Wissenschaft braucht der Lehrer?

Horst Rumpf

Über das Staunen und anfängliche Aufmerksamkeiten

Es gab schon gute Gründe, die Lehrerbildung insgesamt wissenschaftlich zu fassen – wenn denn durch die Schule die Heranwachsenden für eine Welt lebenstauglich werden sollten, in der verbindliche überlieferte Lebensmaßstäbe aus religiösen, ständischen, landsmannschaftlichen Traditionen zusehends an Prägekraft verlieren, eine Welt, in der wissenschaftlich begründete Rationalität allein noch allgemeine Verbindlichkeit für Lehrinhalte und Lehrziele der Schule beanspruchen zu können schien. So ist es nicht verwunderlich, daß den Inhalten der Fachwissenschaften – die künftige Lehrer als Fachlehrer an den Universitäten und Hochschulen zu studieren haben – eine unbestrittene Vorrangstellung in der Praxis des Schulunterrichts zugebilligt wurde. Es herrschte ausgesprochen oder unausgesprochen die Auffassung, daß wissenschaftlich geförderte, approbierte und imprägnierte Lerninhalte (wie immer ihre methodische Aufbereitung stufengemäß im einzelnen aussah), wenn sie nur irgendwie in die Köpfe der Schüler gelangten, geeignet wären, quasi automatisch in Richtung auf Mündigkeit und Vernunft im Umgang mit sich und der Welt zu wirken. Diese Entwicklung, die dahin tendiert, bestimmte Erkenntnisse und Erkenntnisformen sakrosankt und unbefragbar zu machen, wurde durch das Zugeständnis bestärkt, daß es für die schul- und schülerangemessene Aufbereitung dieser Inhalte spezieller und inzwischen auch nachhaltig ausgebauter Agenturen bedarf: Fachdidaktik und Studienseminare sind dann verantwortlich, daß das an Universitäten und Forschungsstätten zutage geförderte Wissen auch angemessen «rüberkommt», in nicht verfälschender Vereinfachung, wie es zuweilen heißt – und unter Zuhilfenahme der Entwicklungs-, Lern-, Motivations- und Denkpsychologie. Was in diesen Agenturen betrieben wird, wurde zuweilen auch als «Vermittlungswissenschaft» tituliert, man spricht auch von «Praxisstudien».

Die leitende bildungspolitische und bildungsorganisatorische Grundvorstellung war und ist: Es gibt den Ort, an dem Wissenschaft produziert wird und aus erster Hand angehenden Lehrern zugänglich gemacht wird; und es gibt Einrichtungen und Lehrgänge, in denen das anderswo produzierte, geprüfte, für wichtig erachtete Wissen auf Lernbarkeit für Laien, Anfänger, Heranwachsende hin transformiert wird. Wobei es sich dabei um deutlich nachgeordnete Tätigkeiten handelt, denen man, gewissermaßen zum Trost, dann auch eine gewisse Wissenschaftlichkeit (mitsamt universitären Titeln und Instituten) zuzubilligen geruht – obwohl ein Fachwissenschaftler bei dieser Ausgangslage kaum anders kann, als seine Tätigkeit für höherrangig zu halten; das hat die Folge, daß jeder Einfluß von seiten der Vermittlungsagenturen als Verunreinigung der fachdisziplinären Erkenntnisgewinnung abzuwehren ist und daß jedes ernsthafte Engagement in den nachgeordneten Vermittlungszonen in der *community* als Prestigeminderung verbucht wird. Es gibt in bestimmten Fachbereichen geradezu eine Didaktik-Flucht – die Inhaber einschlägiger Professuren tun, was sie können, um in Lehre und Forschung von allem loszukommen, was nach Didaktik (auch übrigens nach Hochschuldidaktik) aussieht, um als «richtige» Fachwissenschaftler agieren und renommieren zu können. Stillschweigende Voraussetzung für diese Entwicklungen – deren Existenz kaum jemand bestreiten wird, der die heutige Universität von innen kennt – ist die Annahme, daß das vom herrschenden Wissenschaftsverständnis als gültig approbierte Wissenschaftswissen dazu taugt, das Fundament von Lehrerbildung und Schulcurriculum abzugeben.

Freilich, um im Bild zu bleiben: Das Fundament wird rissig. Die Zweifel greifen um sich, ob solcherart gefördertes und für wichtig erachtetes Wissen wirklich Lehrer dazu befähigt, junge Menschen anzuregen, kraft solchen Wissens erfahrungs- und handlungsfähig zu werden. Man mußte schon eine Menge Bedenken übergehen, um die von den etablierten Fachwissenschaften zutage geförderten Erkenntnisse und Methoden zum Kern der Lehrinhalte aller allgemeinbildenden Schulen zu machen – nichts anderes war im Angebot. Und Max Horkheimer

14

hatte ja schließlich in seiner Frankfurter Rektoratsrede von 1948 («Philosophie und Studium») in aller Deutlichkeit die Frage gestellt, ob das Studium der modernen Fachwissenschaften, die sich systematisch von jeder Beziehung zum «guten Leben» gereinigt haben, um ihre ganze Kraft der Ausforschung der sogenannten objektiven Gegebenheiten widmen zu können, ob also das Studium der Fachwissenschaften mit ihren Inhalten in irgendeinem Sinn der Menschlichkeit der Menschen und der Gesellschaft förderlich sein könne:

> Das Produkt des Fortschritts im Rahmen der Gegenwart ist die Atomisierung, die Spaltung des Menschen. In ihrer bis auf die Spitze getriebenen Verfeinerung und Spezialisierung fassen sich die einzelnen Wissenschaften mehr und mehr als eine bloße Apparatur auf, die mit Fragen der Lebensführung oder mit wesensmäßigen Einsichten nicht das Geringste zu tun hat. Der Positivismus ist die moderne philosophische Theorie. Selbst die Psychologie, die ja mit der lebendigen Seele sich abzugeben scheint, beeilt sich, teils eine Methodenlehre für Eingangsprüfungen und zweckmäßige Menschenführung in der Fabrik zu werden, teils die reibungslose Anpassung an die jeweils herrschenden Verhältnisse durch die Ausscheidung allzu großer Hemmungen serienmäßig durchzuführen. Auch sie ist im neuen Sinne bescheiden geworden. (Horkheimer 1948, S. 313 f.)

Niemand wird behaupten, daß sich seit Horkheimers Rektoratsrede eine Trendwende in der Ausdifferenzierung, um nicht zu sagen: Atomisierung, des Wissens, mit dem Wissenschaften befaßt sind, vollzogen habe. Oder daß sich die Umstände des Heranwachsens junger Menschen inzwischen so gewandelt hätten, daß die atomisierenden Kräfte durch wirksame Gegenerfahrungen konterkariert oder in Balance gehalten werden könnten. Und so liegt es nahe, nach dem zu suchen, was Schulunterricht zusätzlich zum Wissen braucht, wenn er jungen Menschen Erfahrungen von Sinn und Bedeutung ihrer Existenz in der Welt zugänglich machen will – mit einem Wort: aus Verödungserfahrungen heraus, aus dem Mangel heraus wird die Suche nach dem, was hinter dem Wort *Bildung* stecken könnte, virulent.

Zwei ganz zufällige aktuelle Zeugnisse dafür: Rita Süssmuth, seinerzeit Präsidentin des Deutschen Bundestages, sagte in einem Interview mit der «Süddeutschen Zeitung» vom 6./7. September 1997 (betitelt «Wir haben in Deutschland kaum Interesse an Bildung»):

> Man hört viel über Arbeitsplatzmangel, aber wir haben bisher keine Grundsatzdiskussion über Inhalte der Bildung geführt ... Ich bin der Meinung unserer alten Bildungstheoretiker. Bildung kann ich nicht lehren, sondern nur stiften. Ich kann Wissen vermitteln, Bildung aber nicht. Bildung bedeutet verantwortlicher Umgang mit Wissen ... Aber wir sind weitgehend einer ausschließlichen Betrachtung des Wissenszuwachses verfallen. Wir manövrieren uns in eine Einbahnstraße. Wir reden über die Wissensgesellschaft, nicht über die Bildungsgesellschaft. Das sind zwei verschiedene Dinge. (Süssmuth 1997, S. VI, 1)

Wie kann das von jeder menschlichen Beziehung, von jeder Hinordnung auf einen differenzierteren und verantwortlicheren Weltumgang amputierte «reine» Wissen, wie kann es helfen, solche Beziehungen zur Welt zu knüpfen, die eine persönliche Note und also auch persönliche Verantwortung enthalten? Die von Rita Süssmuth zurecht als «Werkzeuge zur Steigerung unseres Informationserwerbs, zur Verbreitung des Wissens» charakterisierten Computer sind dazu prinzipiell ungeeignet. Sie vermögen schlimmstenfalls den Mangel an bildender Welterschließungskraft, der ihnen systematisch innewohnt, durch immer raffinierter zubereitete und leichter verfügbar gemachte Informationen über Wissensbestände zu übertünchen. «Schulen ans Netz» löst gewiß nicht die Sinnkrise eines in der herkömmlichen Weise wissenschaftsfixierten Lehrens und Lernens. Und Legitimationen aus Prüfungen, Examensnoten und damit verbundenen Berufseingangsbescheinigungen bieten auch nichts mehr als Sinnsurrogate.

Nicht nur Horkheimer oder Süssmuth zweifeln, ob (universitäre) Wissensproduktion im herkömmlichen Sinn die rechte Quelle für das Lehren innerhalb wie außerhalb der Universität ist. Ausgerechnet bei dem verantwortlichen Redakteur der Zeitschrift des Deutschen Hochschulverbandes, des Berufsverbandes deutscher Hochschullehrer, finden sich erstaunlich direkte Sätze, den aus den Universitäten verschwindenden Geist betreffend:

> Es muß neu *nachgedacht* werden über das, was Wissenschaft sei, auch über die Verbindung von wissenschaftlicher Leistung und grundlegenden Werthaltungen. Es geht um mehr als um die Agglomeration von praktikablem Wissen. Es geht – in Gesellschaft, Schule und Universität – darum, wie dieses Wissen in ein verantwortliches, von einer Persönlichkeit bestimmtes Handeln integriert werden kann. Weder Persönlichkeit noch Kreativität entstehen durch bloß effizienzorientierte Reformen ... Die Universität ist einer der Orte, an der die Erinnerung ans Menschliche bewahrt wird. Gibt es noch einen «Weg zurück» zu Humanismus und Humanitätsidee, der zugleich in die Zukunft führt? Gilt es nicht – vor aller Machbarkeit, Nützlichkeit und Pragmasie – dies wieder zu beleben? So paradox es klingt: Das Geistige ist in Gefahr, aus der Universität verdrängt zu werden. Erst dann, wenn es wieder ernst genommen wird und man wieder von *dorther* Ziele findet, ist es möglich, die gewaltigen Probleme der Zeit wirklich anzugehen. (Grigat 1997, S. 469)

Die Zeiten, in denen man in frischfröhlichem Glauben an den alle Probleme lösenden Wissensfortschritt wähnte, solche Äußerungen als rückwärtsgewandte Humanitätsduselei verachten zu können – sie sind wohl vorbei; zu spürbar sind die Mangelerfahrungen: aus noch so korrektem vielfältigen Wissen, aus noch so raffinierten theoretischen Ausleuchtungen muß noch keineswegs eine persönliche und verantwortungshaltige Beziehung zur Welt und zu sich selbst entstehen...

17

Eine deutsche Spezialproblematik? Kaum. In dem Schulkapitel des 1989 erschienenen Berichts des *Club of Rome* stehen gewissermaßen als Motti Sätze aus dem Weisheitsschatz der Menschheit – als bedürften wir der Kronzeugen für Erfahrungen, die wir nötig haben, für die uns aber die Sprache abhanden gekommen ist: «Listen, look, understand, for thus it is on earth.» (Huethuetlatoll, eine präcolumbianische Lehre) Und: «Where is the knowledge which is lost in information? And where is the wisdom that is lost in knowledge?» (T. S. Eliot) (King/Schneider 1991, S. 160/164) Daß in Informationen etwas an Wissen verlorengegangen sein könnte – und daß im Wissen etwas an Weisheit verloren worden sein könnte –, das mögen wir Wissenschaftsbeflissenen ganz gern in einem besinnlichen Feuilleton inhalieren – aber in besagtem Bericht des *Club of Rome* steht es inmitten harter Analysen des Bildungszustandes einer Welt, deren Bildungswesen nur noch ein bestimmtes Wissenschaftswissen ernst nehmen zu können scheint. Und dort auch noch der Hinweis: Hören, schauen, verstehen – das ist es, darum geht es auf der Erde. Es ist ein anderes Hören und Schauen gemeint als jenes, das auf die Eruierung von verrechenbaren Daten zum Zweck der Hypothesenprüfung aus ist...

Wir können kaum rettende Botschaften vom Himmel erwarten – wir müssen uns umsehen, welche Züge des Wissenschaftswissens zu der Reduktion geführt haben – so daß Wissen sich immer weiter von lebbaren Weltbeziehungen seiner Produzenten und Lerner abgetrennt hat. Und von solchen Diagnosen aus wäre nach Qualitäten eines anderen Wissens zu fragen, das der Lehre und der Bildung angemessener sein könnte. Rita Süssmuth verficht in dem zitierten Interview die recht anstößige These, bei der Frage, wie wir über Bildungsgesellschaft im Unterschied zur Wissensgesellschaft ins Nachdenken kommen könnten, könnten «wir weitaus mehr aus der Vergangenheit als aus der Zukunft lernen» (Süssmuth, a. a. O.). Wo liegen systematische Schwächen des universitären Spezialwissens, das die Lerninhalte der Lehrerbildung wie des Schulunterrichts determiniert? Die Bestimmungen, die auf Atomisierung, «reine Objektivität» und Wertaskese zielen, reichen nicht hin, um Ansatzpunkte zur Verbesserung zu finden. Interdisziplinarität ist zum Schlagwort verkommen, genauso wie der Appell an die Verantwortung des Wissenden, die Folgen der Wissenschaft stets mitzubedenken.

Der niedergeworfene Widerstand der Welt

Auf der letzten Seite seines zweibändigen Werks *Denken – das Ordnen des Tuns* macht der Kognitionsforscher und Pädagoge Hans Aebli eine Erosion des landläufigen Unterrichts, dem es um Denken und Wissen geht, in einem einprägsamen Vergleich bewußt – es geht um die Eigenart der dabei im Unterricht verwendeten Symbolwelten in Sprache, Bild, Klang, die Aebli hier «Medien» nennt, «Mittler» also zu Realitäten:

Natürlich gibt es die stellvertretenden Medien, die sekundären Handlungsbereiche, in denen einige Ordnungen effizienter und schneller hergestellt werden können als im Getümmel des praktischen Tuns und des konkreten Sehens. Aber wir haben auch die ständige Angewiesenheit der Medien auf die primären Handlungsbereiche mit ihrem Ernstcharakter gesehen. Zwar gibt es eine bescheidene Intrinsität der Bedeutung in den Medien. Sie reicht aber in der Regel nicht weit. Wenn sie nicht ständig an die Basis konkreten Handelns und Sehens zurückgebunden werden, beginnen die Mühlen der Zeichensysteme bald leer zu drehen. (Aebli 1981, S. 395 f.)

Von zwei Seiten, so wäre Aebli zu resümieren, fehlt die Zufuhr, wenn «die Mühlen der Zeichensysteme leer drehen» – zum einen von seiten der Subjekte, der Menschen also, in denen Stöße der Wirklichkeit gewissermaßen nachzittern, wenn sie etwas denkend zur Sprache bringen (und dabei vielleicht ins Stammeln kommen, jedenfalls aber durchaus noch nicht eine souverän zu handhabende Fachsprache verfügbar haben). Und zweitens von seiten einer Sache, in die man sich handelnd «mit Ernstcharakter» verwickelt, mit der man sich konfrontiert sieht, weil es Ernst ist – und nicht nur didaktischer Schein.

> Die Worte werden leer, wenn sie nicht einer Auseinandersetzung mit einer unbekannten, mehrdeutigen, überraschenden und widerständigen Weltgegebenheit *abgerungen* sind. Die mittels der Worte und Gedanken erzeugte Ordnung wird scheinhaft – ein «Durchblicker», der sich auf diese Weise Überlegenheit erschleicht, ohne die Sache und ihre Vertracktheit gespürt zu haben, ein solcher Durchblicker vermag über das zu verfügen, was wir «Schulweisheit» nennen. Aber er kennt das nicht, was er weiß. Er hat sich die Bekanntheit der Sache erschlichen. Die kognitiven Operationen, die bestimmte Wortsymbole manipulieren, operieren mit Falschgeld.

Aeblis Warnung steht in einer großen Tradition; neben der klassisch-pädagogischen Kritik am sogenannten «Verbalismus der Schulbelehrung» bei Rousseau und Pestalozzi finden auch andere Autoren in dem Prozeß der Aneignung von Wissen allein über sprach- oder auch Bildsymbole die Gefahr einer Verführung, die sich bequemerweise mit Worten begnügt, statt sich der Sache auszusetzen; aus der Auseinandersetzung mit dieser gehen dann möglicherweise Äußerungen hervor, die sachhaltig sind. In Lichtenbergs folgendem Aphorismus steckt gewiß einschlägige Erfahrung:

> Es ist ganz gut, viel zu lesen, wenn nur nicht unser Gefühl darüber stumpf würde und über der großen Begierde, immer ohne eigene Untersuchung mehr zu wissen, endlich in uns der Prüfungsgeist erstürbe. (Lichtenberg 1953, S. 258)

Dem Leser werden plausible Schemata der Erklärung und Einordnung präsentiert – er kann sie sich aneignen ohne die große Mühe, sie allererst in Auseinandersetzung mit vieldeutigen, unvollständigen, von Brüchen und Spannungen durchzogenen Gegebenheiten zu erzeugen. Das heißt nach Lichtenberg aber soviel wie das Übergehen der überraschten, faszinierten, erschreckten Fühlungnahme mit der Sache – das Gefühl für die Sache und damit eine für Lichtenberg offenbar wichtige Resonanzkraft im Menschen, es droht stumpf zu werden, nicht mehr anzusprechen. Die Sache entschwindet in ihrer besonderen

Schärfe, ihrem Geschmack – und das mag es ja sein, was als Objektivität im Interesse der Sachhörigkeit dem Wissenschaftler angesonnen oder aufgezwungen wurde.

Zudem droht der die Einzelheiten abtastende und auf Beziehungen hin untersuchende «Prüfungsgeist» abzusterben, bekommt er doch per Lektüre sozusagen die Einordnungen und Erklärungen mundfertig frei Haus geliefert. Was dem Leser die Welt aufzuschließen versprach – das droht sie ihm zu verschließen, das droht, seine Welterfassungsorgane geradezu abzutöten. Der Aufklärer Lichtenberg mahnt vor tückischen Gefahren des nur lesenden Studierens; tückisch daran ist, daß der Leser, den Lichtenberg kritisiert, vielleicht lauter Richtigkeiten in seinem Kopf hat. Nur sind die Richtigkeiten nicht gedeckt.

Ein sehr aktuelles Beispiel für eine verwandte Sorge findet sich bei einem Forscher und Lehrer der Naturwissenschaften, der viele Jahrzehnte Lehrerfahrung an einer amerikanischen Eliteuniversität reflektiert: Das viele Lesen und das ihm entsprechende Vorlesungs-Lehren – es verstopft die Köpfe der Studierenden, es schüttet die kostbare Erfahrung der Leere, die wartet und sich überraschen läßt, zu:

> ... aber damit, was man jetzt allenthalben antrifft, habe ich mir nie Rat schaffen können, nämlich mit der Art von forschen Forschern, die darauf aus zu sein scheinen, der Menschheit nagelneue Naturgesetze zu verkaufen als wären es gebrauchte Automobile. Ein Gefühl für die tastende Natur des Erkennens; ein Begriff von dem vorläufigen und fragmentarischen Charakter aller menschlichen Einblicke in die Natur; ein Bewußtsein, wieviel Anmaßung und Voreiligkeit sogar das tiefste Verständnis begleiten, wenn es sich anschickt, verallgemeinernde Feststellungen über das Leben zu machen: all das wird ein Teil des Vermächtnisses sein, mit dem die vielen Jahre den alternden Forscher belastet haben. (Chargaff 1980, S. 174)

Und an anderer Stelle:

Was der Naturforscher braucht, ist ein selektives und nicht ein automatisches Gedächtnis; und noch viel mehr braucht er, was ich als leere Räume zwischen den Erinnerungen bezeichnen möchte ... die Fähigkeit, diese leeren Räume zu bewahren, sowohl um sich selbst auch innerhalb seiner selbst. *Unsere gesamte Lehreinrichtung ist jedoch gegen dieses Bedürfnis gerichtet.* Da wir selber dieser Verbindung mit dem Mittelpunkt der Wissenschaft beraubt worden sind, stopfen wir unsere Studenten voll mit dem Allerneusten: Verlorene Seelen, welche die Jugend lehren, ihre eigene zu verlieren. (Chargaff 1980, S. 222; Hervorhebung, H. R.)

Was bei Lichtenberg noch vorsichtig als Gefahr angedeutet war, bei Chargaff wird es zu einem real gewordenen Alptraum: Die fixe und clevere Wissensweitergabe, immer auf dem neuesten Stand, immer auf dem Sprung zum noch Neueren, mag brillant bescheidwissende Köpfe erzeugen − freilich um den Preis eines gigantischen Betrugs: das Gefühl für die Wirklichkeit, der Prüfungsgeist, der die tastende und vorläufige Natur des Erkennens frisch hält, die Leere, die ausgehalten und nicht zugestopft wird, sie alle verschwinden. Was bleibt ist das korrekte Wissenschaftswissen, wie es in Handbüchern als sogenanntes «Grundlagenwissen» stehen mag. Und über solches Grundlagenwissen kommen ja angesichts des ausufernden Wissenszuwachses Lehramtsstudenten, die ihr Fach «nur für die Schule» studieren wollen, kaum hinaus.

Lichtenberg wie Chargaff bemerken besorgt die Tendenz, daß die nachdenkliche Aufmerksamkeit angesichts einer immer wieder überraschenden Wirklichkeit in einem Wissen anhäufenden Wissenschaftsbetrieb verschüttet zu werden droht: durch eine Aufmerksamkeit, die nur noch darauf aus ist, Gegebenheiten unter Vorwissen einzuordnen. Selbstverständliche Gewohnheiten alltäglicher Lebenspraxis − in ihr ordnen wir Widerfahrnisse unentwegt und routiniert als «Fall von» oder «verursacht durch» ein, ohne uns der anstrengenden Detailprüfung zu unterziehen − schlagen durch in die Wissensgewinnung der Wissenschaft. So verwendetes Vorwissen kann die komplizierte

Realität unter dem Schein schneller Bekanntheit gänzlich unkenntlich machen. Das Wissen kann die Wahrnehmung lähmen. In dem Parallelbeitrag von Ernst-Michael Kranich stehen Anregungen, die helfen, eine Lärche so wahrzunehmen, daß man die Wahrnehmungskräfte nicht durch schnelles und klassifizierendes Vorwissen lähmt, daß sie im Gegenteil lernen, die besondere Gestalt in ihrer Beziehung zur Umwelt nachzuvollziehen. Dies ist eine Art, Wissen ins Spiel zu bringen, die den von Lichtenberg, Aebli und Chargaff angemahnten Auszehrungen der sinnlichen Weltzuwendungen nicht verfällt, sondern ihnen exemplarisch entgegenarbeitet.

In diesem Zusammenhang sind die epochemachenden Studien von Ludwig Fleck aufschlußreich, jüngst von Uwe Pörksen als wichtigste Quelle von Thomas Kuhns Wissenschaftsreflexion eindringlich bekannt gemacht (Pörksen 1997, S. 102–112). Fleck schildert die Laufbahn einer wissenschaftlich approbierten Tatsache in drei Stufen; die erste Stufe, von ihm «esoterisch» genannt, wird greifbar in kleinen Zeitschriftenaufsätzen:

> Er nennt sie «vorläufig», «unsicher», «persönlich gefärbt», «unzertrennlich mit der Person des Verfassers verbunden», «fragmentarisch», «zufällig», vorsichtig in der Sprache, welche mühsam ausgearbeitete, lose Avisos eines Denkwiderstandes zur Darstellung bringt. (nach Pörksen 1997, S. 109)

Die zweite Stufe ist nach Fleck die der «Handbuchwissenschaft»: Das Vorläufige gerinnt «auf dem Weg intrakollektiver Gedankenwanderung» zum Definitiven, eben zum Handbuchwissen, in dem Tatsachen als «Feststehendes und Bewiesenes» präsentiert werden – das zuvor tastend und fragmentarisch Angepeilte wird eingemeindet als etwas, was einer größeren Denkgemeinschaft akzeptabel geworden ist. Die stilgemäße Darstellung gibt sich jetzt «objektiv und unpersönlich». «Was in der Zeitschriftenwissenschaft noch unsicher floatete ... hat Solidität erlangt» (Pörksen 1997, S. 109). «Ein Denkzwang» ist entstanden, der «bestimmt, was nicht anders gedacht werden kann, was vernachlässigt oder nicht wahrgenommen wird, und wo umgekehrt mit doppelter Schärfe zu suchen ist: die Bereitschaft für gerichtetes Wahrnehmen verdichtet und gestaltet sich» (Fleck, zit. bei Pörksen 1997, S. 109).

In der dritten Stufe, der Populärwissenschaft, fallen dann Einzelheiten und streitende Meinungen vollends weg, «wodurch eine künstliche Vereinfachung erzielt wird – auch mittels einer angenehmen, lebendigen und anschaulichen Ausführung».

> Endlich die apodiktische Wertung, das einfache Gutheißen oder Ablehnen gewisser Standpunkte ... An Stelle des spezifischen Denkzwangs der Beweise, der erst in mühsamer Arbeit herauszufinden ist, entsteht durch Vereinfachung und Wertung ein anschauliches Bild. (Fleck nach Pörksen 1997, S. 110)

Vielleicht ist die These nicht zu gewagt, daß das, was in Studienordnungen und Lehrveranstaltungen für künftige Fachlehrer als «Grundwissen» oder «Grundlagenwissen» firmiert und was in den diversen Einführungen in die xy-Wissenschaft den Studierenden gedruckt vorgelegt wird, daß dies durchweg den Stilcharakter des Handbuchwissens besitzt. Welchem Wissen aber aufgrund seiner immanenten Neigung zum Abschleifen von Fragwürdigkeiten, zum Unkenntlichmachen in ihm steckender Annahmen und Reduktionen dann aber leicht die Eigenschaft zukommt, nur «angelesen» zu bleiben – und zwar ganz in dem von Lichtenberg präzisierten Sinn: ein angelesenes Wissen, das die Auseinandersetzung mit aufstörenden Perspektiven und Tatbeständen spart, das vielleicht mit Bildungs- und Wesensphrasen aufgebläht wird und das schließlich, mit Aebli gesprochen, «die Mühlen der Zeichensysteme leer drehen» läßt. Es wäre der Mühe wert, die Karriere einer «Tatsache» – etwa des Lichtstrahls oder des Goetheschen Humanitätsideals in der «Iphigenie» – über die von Fleck behaupteten oder freigelegten Entwicklungsstufen zu verfolgen. Es ist zu vermuten, daß Stufe 3 letztlich (trotz aller didaktisch-methodischen Auffrischungen) strukturell in dem Schulwissen der Schulbücher aufzuspüren sein wird. Die dort geforderte Anschaulichkeit ist weit entfernt von jenem unbefangenen Anschauen der Dinge, das nicht von «solidem Vorwissen» ferngesteuert ist, sondern das sich betreffbar und verwundbar hält von einer neuen, unbekannten Welt.

Man kann der Meinung sein, daß es eine fatale Fehlentwicklung ist, eine von vorsichtig tastenden Annäherungen gereinigte Wissenschaft (Stufen 2 und 3 im Fleckschen Sinn) zum Fundament der wissenschaftsorientierten Lehrerausbildung zu machen. Eines der fundamentalen Lehrbücher der neuzeitlichen Naturwissenschaft – Galileo Galileis «Discorsi» – ist auf jeder Seite durchdrungen von der Öffnung überraschender Perspektiven und der Diskussion heikler, offener Fragen. Und es ist sehr die Frage, ob im Zustand weit entwickelter Wissenschaften solche anfängliche und phänomensensible Aufmerksamkeit für die Ursprünge bestimmter Denkarten unmöglich oder peinlich «hinter den Stand der Forschung fallend» ausfallen müßte.

Käte Meyer-Drawe, in intensivem Gespräch mit Merleau-Ponty und dem späten Adorno, formuliert die in Frage stehende Entwicklung, die die Weltaufmerksamkeit unter dem Diktat begrifflicher Deutungsschemata unkenntlich und unspürbar werden lassen könnte, so: «Das autonome Subjekt, das sich vor allem von seiner Fähigkeit zu denken her begreift, ordnet die Dinge, ohne ihren Überschuß über die Begriffe zu respektieren.» (Meyer-Drawe 1990, S. 90) Im didaktischen Teil der Farbenlehre sagt Goethe mit etwas anderen Worten Entsprechendes:

Man bedenkt niemals genug, daß eine Sprache eigentlich nur symbolisch, nur bildlich sei und die Gegenstände niemals unmittelbar, sondern nur im Widerscheine ausdrücke ... Jedoch wie schwer es ist, das Zeichen nicht an die Stelle der Sache zu setzen, das Wesen immer lebendig vor sich zu haben und es nicht durch das Wort zu töten. (Goethe 1981, S. 491 f.)

Es versteht sich, daß heutzutage auch die Tendenz beim Namen zu nennen wäre, Gegebenheiten der Welterfahrung durch medial vermittelte und Vertrautheit suggerierende Bilder «zu töten».

Fazit: Lehrer brauchen ein Wissen, das offen ist für die Überschüsse und Unbekanntheiten der Welt; das also der immer lauernden Gefahr entgeht, sich vor die Welt − die es zu klassifizieren und zu erklären beansprucht − zu postieren. Und damit das Gegenteil von dem bewirkt, was es zu bewirken beansprucht.

Das reduzierte Wissenschaftssubjekt und die verkürzte Wahrnehmung

Freilich bleibt nach der im vorigen Abschnitt skizzierten Kritik an einem nur angelesenen bzw. auf Expertenautorität hin übernommenen Wissen die Frage offen, *welche* Qualitäten der Welt und *welche* Ansprechbarkeiten in den Menschen dabei übergangen werden. Um bei der letzten Größe anzufangen: Was ist das für eine Subjektivität, was sind das für weltempfindende «Organe», für Erfahrungsverarbeitungspotentiale, deren Lähmung oder deren Brachliegen von Lichtenberg bis Chargaff kritisiert wird?

Hier führt die zu diesem Essay parallel argumentierende Studie von Ernst-Michael Kranich über das Wissen, das der Lehrer braucht, weiter. Um pointiert zusammenzufassen: Kranich macht auf Qualitäten menschlicher Wahrnehmung aufmerksam, aus denen Denk- und Verstehensprozesse hervorgehen, die die sinnlich begründeten phänomenalen Welterfahrungen weder verengen noch überspringen, sondern aufschließen und erhellen. Übersprungen oder unbotmäßig reduziert würden Weltbegegnungen, wenn sie nur einfach in Zahlen umgesetzt würden oder aber aufgrund isolierter Einzelmerkmale zu Klassen und Gruppen zusammengefaßt und also Allgemeinbegriffen untergeordnet, «subsumiert» würden: Was weiß ich schon wirklich vom Licht, wenn ich die Formel kenne, daß beim Eindringen von Lichtstrahlen in dichtere Materien Einfallswinkel gleich Ausfallswinkel ist? Was weiß ich von der Lärche, wenn ich sie der Familie X und der Gattung Y unter den Nadelbäumen zuzuordnen weiß, weil bestimmte allgemeine und besondere Merkmale an ihr zu identifizieren sind, wie sie der beobachtende Blick aus dem Gesamteindruck herauspräpariert?

Die Dürftigkeit dieser Art von Wissen hat ihre Wurzel in der Dürftigkeit der das Wissen fundierenden Wahrnehmung. Und die wiederum geht zurück auf eine höchst eingeschränkte Vorstellung dessen, was in menschlicher Wahrnehmung vor sich geht. Und wie sie zu den Dingen steht. Kranich zeigt unter Rückgriff auf neueste Forschungsergebnisse (etwa von Condon), daß menschliche Wahrnehmung unangemessen aufgefaßt wird, wenn sie als passives Registrieren «objektiver», das heißt strikt außerhalb des Menschensubjekts zu lokalisierender Einzelgegebenheiten gedeutet ist. In jeder Wahrnehmung passiert ein Bewegtwerden von der wahrgenommenen Sache, der wahrgenommenen Person – und das gilt nicht nur metaphorisch, sondern es ist empirisch nachweisbar. In ihr spielt ein Sich-Mitbewegen mit der wahrgenommenen Gestalt, die also im bewegten Abtasten mithin auch innen, im Subjekt auftritt. Denn sie wird ja in einem genauen Sinn nachgebildet und nachvollzogen. Die totale Distanz Subjekt-Objekt ist eine wissenschaftsgeschichtlich späte gewaltsame Operation, die zu der Fiktion von einer Wahrnehmung führte, welche in reiner Rezeption objektive Sachmerkmale pur und unberührt aufzufassen imstande sei (vgl. Toulmin 1990, S. 60 ff., und Kutschmann 1986, S. 128 ff.; vgl. Kutschmann 1999). Und es ist diese bewegte Mitbewegung, die auch Beziehungen mitvollzieht. Mit gestalthaft einsichtigen Verhältnissen zwischen Gegebenheiten – wir realisieren die helle Landschaft als von der Sonne überstrahlte und nicht als Anhäufung heller und vereinzelter Wirklichkeitsbrocken – ist das sinnleere Diesda isolierter Realitätssplitter, die in nichts über sich hinausweisen, schon im Ansatz überwunden. Schon in der Wahrnehmung also melden sich die Kräfte des Geistes, von dem Adorno immer wieder einprägsam genug sagte, er ertrüge es nicht, die vereinzelten empirisch feststellbaren Dinge einfach nur der Fall sein zu lassen. Jeder Reiz, so Adorno, führe dazu, daß sich ihm Gesten wie im Reflex nachahmend mimetisch anschmiegten (vgl. Adorno 1981, S. 34, und Brunkhorst 1990, S. 267–270) – und es ist diese mimetisch

27

sich anschmiegende Bewegung, aus der der Geist seine Leistungen entwickelt, welche die Welt aus der Dumpfheit führen. In der mimetisch nachahmenden Kraft der Wahrnehmung liegt also auch in Adornos Denken die Kraft begründet, daß der Geist eine intimere Beziehung zur Welt aufbauen kann, als sie das Registrieren und Verrechnen von Tatsachenmerkmalen zustande bringt.

Zurück zu Kranich: In der Gestalten und ihre Zusammenhänge nachvollziehenden mimetischen Wahrnehmung liegt also die Keimzelle der verstehenden Aneignung der Welt. Und in der Abtötung oder Verleugnung dieser Art von Angetansein («Affiziertsein») liegt demnach eine Wurzel für das subjektlose Scheinwissen, das beweisbare und identifizierbare Richtigkeiten über Tatsachenmerkmale speichern und erzeugen kann – dessen Träger freilich durchaus der Fähigkeit zum wirklichen Berührtsein durch die Sache enträt: hat er sich doch die Mitbewegung namens der Objektivität verboten. Kranich hat nun, jeweils mit anschaulichen Beispielen aus dem Umkreis der Natur und ihrer Wissenschaften, unterschiedliche Arten von Denkbewegungen umschrieben, die gewissermaßen die Impulse aus den bewegten, sich in die Gestalten einschmiegenden Wahrnehmungen aufgreifen und begrifflich faßbar sowie kommunikativ verständlich machen. Diese Denkbewegungen sind für das Wissen, das der Lehrer braucht, deswegen von so hohem Wert, weil kraft ihrer ein Lehrer auch imstande sein kann, in seinen Schülern die möglicherweise gelähmten oder verwahrlosten Kräfte zur bewegten, sich identifizierenden Wahrnehmung wieder anzuregen.

Ich fasse drei der vier von Kranich artikulierten Typen von Denkbewegungen etwas schärfer ins Auge: a) *das kausale Erkennen*: ihm leuchtet der Zusammenhang von Lichtbrechung und dem «Schicksal» des Lichts ein, das beim Eindringen in ein dichteres und also widerständiges Medium gewissermaßen gehemmt und etwas aus seiner Richtung gedrängt wird; b) *das bildhafte Denken*, das etwa im Vergleich von Lärche und Fichte unterschiedliche Dynamiken in der Wachstumskraft schauend auffaßt. Durch diese Dynamiken kann sich die Lär-

28

che vieldimensional (Eigenart der Nadeln, Beweglichkeit der Zweige, Ausdrucksgebärde des Stammes, Durchlichtetheit des Gesamtbildes) in die Umwelt ausbreiten – die Lärche neigt zur sommerlichen Ausbreitungsgebärde, die Fichte neigt zu strengem Sich-zusammenziehen. Solche Züge der Wahrnehmung in begrifflich zu fassende allgemeine Unterscheidungen zu transferieren – das ist, nach Kranich, die Leistung des bildhaften Denkens: unterschiedlich dynamisches, wenn auch nahe verwandtes Leben drängt in die Erscheinung; c) *dem physiognomischen Denken* schließlich bietet sich als Beispiel die Menschengestalt, die sich aufrecht gegen die stets wirksame und niederziehende Schwerkraft hält, durch ein willentliches Ich in Haltung gebracht, wobei das Haupt dem offenen, endlosen Horizont zugeneigt ist und die Schädel-Gehirnbildung einen schöpferisch gestaltenden und nicht nur einen instinkthaft reagierenden Weltumgang vorzeichnet.

Besonders bemerkenswert an der Phänomenologie solcher Denkarten ist ihre Gestaltverwurzelung. Es handelt sich um ein Denken, das nicht auf Schlußfolgerungen oder Problemlösungen aus ist; es geht ihm um das bewußte und begrifflich faßbare und kommunizierbare Realisieren dessen, was den aufmerksamen Sinnen an Botschaften zugekommen ist. Der in der Erscheinung offenbare Geist wird kraft dieses Denkens zur Sprache gebracht. Die Herausforderung an eine nur formale Denkpsychologie ist beträchtlich, soweit es der um Beherrschung und Subsumtion von Tatsachen geht. Entscheidend an der Kranichschen Argumentation ist die Kritik an einem Wissen, das sich namens einer eh illusionär gewordenen Vorstellung von Objektivität (vgl. Kutschmann 1999) von den mimetischen Wahrnehmungsresonanzen abkoppelt, die allein das Fundament eines persönlichen Weltwissens und Weltverstehens sein können – wenn denn Weltwissen von Menschen und nicht von Prothesen für kognitive Datenmanipulationen getragen ist.

Für künftige Lehrer, so Kranich, kann nur solches Weltwissen in Frage kommen, das seine Wurzeln in der persönlichen Wahrnehmung und ihrer Bewegung hat. Eine einseitig überspitzte Diagnose?

In diesem Zusammenhang ist ein Hinweis auf einen Vortrag Adornos hilfreich, in dem dieser seine Erfahrungen mit dem Wissen von Lehramtsstudierenden darstellte, die ihr im Universitätsstudium angeeignetes Wissen in Prüfungen offenlegen. Für Überlegungen zu dem Wissen, welches die Universität künftigen Lehrern mitzugeben geneigt ist, dürfte dieser Vortrag – unter dem Titel «Philosophie und Lehrer» 1961 im Frankfurter Studentenhaus gehalten – exemplarische Bedeutung über seinen Anlaß und Zeitpunkt hinaus behalten:

Sie [Selbstreflexion und kritische Anstrengung] wäre das Gegenteil jenes blinden und verbissenen Fleißes, zu dem die Majorität sich einmal entschlossen hat. Er widerspricht der Bildung und der Philosophie, weil er von vornherein definiert wird von der Aneignung eines bereits Vorgesehenen und Gültigen, in der das Subjekt, der Lernende selbst, sein Urteil, seine Erfahrung, das Substrat von Freiheit abwesend sind ... Einmal meinte er [der Begriff der Wissenschaft], als Forderung, nichts ungesehen und ungeprüft zu akzeptieren, Freiheit, die Emanzipation von der Bevormundung durch heteronome Dogmen. Heute ist Wissenschaftlichkeit in einem Maß, vor dem einen schaudert, ihren Jüngern zu einer neuen Gestalt der Heteronomie geworden. Man wähnt, wenn man nach wissenschaftlichen Regeln sich richtet, dem wissenschaftlichen Ritual gehorcht, mit Wissenschaft sich umgibt, gerettet zu sein.

Wissenschaftliche Approbation wird zum Ersatz der geistigen Reflexion des Tatsächlichen, in der Wissenschaft erst bestünde. Der Panzer verdeckt die Wunde. Das verdinglichte Bewußtsein schaltet Wissenschaft als Apparatur zwischen sich selbst und die lebendige Erfahrung. Je tiefer man ahnt, daß man das Beste vergessen hat, desto mehr tröstet man sich damit, daß man über die Apparatur verfügt. (Adorno 1963, S. 48 f.)

Das Entsetzen über das, was an der Universität gelernte – um nicht zu sagen: studierte – Wissenschaft in den jungen Menschen, die Lehrer werden wollen, angerichtet hat, läßt sich kaum schriller artikulieren: Es lähmt die eigene Erfahrungskraft, wenn Wissen definitiv vorgegeben ist und nur noch zum Lernen präsentiert wird; Menschen berufen sich, wenn es um Wissen geht, nicht auf ihre Wahrnehmungen und die darauf aufbauenden Reflexionen. Sie klammern sich an das, was Experten herausgefunden und in Büchern niedergelegt haben. Sie haben darauf verzichtet, ihren Sinnen, ihrem Bewegtsein von Phänomenen, von Erfahrungen noch irgend etwas Ernsthaftes zuzutrauen. *Wer bin denn ich* − so möchten sie angesichts der Autoritäten, der Experten, der unübersehbar sich verwirrenden Wissensmassen fragen. Und sie kapitulieren, um die Prüfung zu bestehen.

So sehr das Bild verallgemeinert − daß damit übermächtige Tendenzen der Universität auch 35 Jahre nach Adornos Vortrag beim Namen genannt werden, wer möchte das bezweifeln, wenn er das Studium in Massenuniversitäten von innen kennt, als Akteur in irgendeiner Rolle? Kann es eine andere Folgerung geben als die, daß das Verhältnis der Menschen zum Wissen neu zu ordnen und neu zu bestimmen ist? Kein borierter Subjektivismus, der dazu führt, daß jeder Satz eines Sprechers mit dem unverbindlichen «meiner Meinung nach» beginnt, kann aus der Misere helfen: nur eine neue Sachlichkeit; und damit eine Vorstellung von Wissen, das in streng durchzuhaltender Nähe zu wahrgenommenen Phänomenen der Natur wie der Kultur und der Gesellschaft die Routinen der Einordnung abstreift und neu, mit fremdem Blick sich der Welt öffnet, in einer zweiten Naivität, die sich berühren läßt von Brüchen, Unbekanntheiten, Überraschungen. Und die darauf verzichtet, nach Versatzstücken aus Wissensbeständen zu schielen, die blitzartig im Neuen nur das Alte wiedererkennen lassen. (Womit der große Lehrer Herbart zitiert ist: «Der Mensch sieht im Neuen immer nur das Alte, wenn jede Ähnlichkeit durch Reminiszenz die ganze, die gleiche Masse wieder hervorschiebt.» Herbart 1965, S. 54.) Es handelt sich um eine Arbeit an Abwehrbastionen in den Menschen, die das Neue, Unbekannte, Andrängende als Bedrohung empfinden und deshalb zum sicheren Wissen flüchten; dieses erspart das riskante Praktizieren des prüfenden Geistes, mit dem stumpfen Gefühl des Lesegescheiten (vgl. Lichtenberg) lebt es sich bequemer. Daß freilich so zur Selbstberuhigung dienendes Wissen bei Lehrern zu einer totalen Verödung des Schulunterrichts führen muß, sofern es im Zentrum des Unterrichts steht, ist nicht zu bezweifeln.

Die zugespitzten Entwicklungen der modernen neuzeitlichen Wissenschaft haben ohne Zweifel bei den die Forschung Vorantreibenden, beim Forscher zu einer Subjektivität geführt, die strenge Askese voraussetzt. Das Wissenschaftssubjekt hat sich aus den affektiven Verfangenheiten in Situationen und Beziehungen herauszuwinden und ist auf einen quasi extramundanen Standort fixiert. Kein Zweifel, daß dieses affektgereinigte Beobachten, Analysieren, Experimentieren unlöslich mit den Erfolgen der Wissenschaften verbunden ist.

Stephen Toulmin hat in seinem wissenschaftsgeschichtlichen Werk *Kosmopolis* die historischen Wurzeln dieses Aufschwungs aus den Wirren des 17. Jahrhunderts in eine überzeitliche Wissensposition bewußtgemacht. Und zugleich hat er auch die Erfahrungsverluste gezeigt, die aus der schier dogmatischen Trennung von Affekt und Erkenntnis erwachsen sind. Sein Buch ist ein einziges Plädoyer dafür, sich aus der Sackgasse dieser Art von Wissensproduktion herauszubewegen und zu einer Vorstellung von Erkenntnis zurückzufinden, die die Weltzugänge des sterblichen, sinnlichen Menschen ernst nimmt und kultiviert. Toulmin nennt frühneuzeitliche Lehrer und Humanisten, die einen vorsichtig tastenden Weltumgang praktizieren, der sich nicht vom Krampf der Systematisierungs- und Einordnungszwänge fernsteuern ließ – so Erasmus von Rotterdam, Montaigne, Shakespeare. Er kritisiert nachhaltig die zwanghaften cartesischen Gleichsetzungen von «Geist und bewußter Kalkulation, Vernunft und formaler Rationalität», «die neuzeitliche Trennung von Vernunft und Gefühl, Denken und Empfinden» (Toulmin 1990, S. 243). Abschnitte seines Buches – und Toulmin ist einer der angesehensten Wissenschaftshistoriker der Naturwissenschaften – tragen Überschriften wie «Die Rückkehr zum Mündlichen», «Die Rückkehr zum Lokalen»,

«Die Rückkehr zum Zeitgebundenen». Daß die Bindung des Denkens an das Empfinden nicht notwendig zu Weltverlust und Schwärmerei und Wissenschaftsfeindlichkeit führen muß, das mögen auch die Studien von Kranich gezeigt haben.

Die verleugnete Annäherungsarbeit

Noch von einer anderen Seite läßt sich die Abtrennung des Wissens von lebendiger und empfindender Wahrnehmung bewußtmachen. Durch die Identifikation mit dem extramundanen wissenschaftlichen Großsubjekt – sie äußert sich etwa in dem Verzicht auf umgangssprachliche Formulierungen und in dem rigoros überwachten Gebrauch von Fachterminologien –, durch diese Identifikation, die dem Studenten des Wissenschaftswissens gewöhnlich ziemlich rasch aufgezwungen wird, kommen Lernprozesse einer bestimmten Art nicht zum Zug: die Prozesse der vorsichtigen und zögerlichen Annäherung an eine komplexe Sache, die Vorgänge der schrittweisen Entzifferung von Bedeutungen, des überraschten und irritierten Entdeckens von Brüchen, von Tiefenbedeutungen, von physiognomischem Sinn. Weder die Alltagsroutine noch die Routine des Wissenschaftslernens nimmt das Staunen und Zweifeln des frühen, ersten Blicks recht ernst. Man könnte diese Fixierung auf möglichst schnelle und umwegfreie Aneignung von Endergebnissen auch als Verleugnung der Anfänglichkeit des Lernens bezeichnen. Weil es doch nur um die Inbesitznahme der als richtig und wichtig approbierten Erkenntnisse geht, werden die Lerninhalte so stilisiert, daß die Lerngänge möglichst zügig durchlaufen werden können.

Es ist wie bei einer bestimmten Sorte von Städtereise: Man möchte möglichst rasch und reibungslos ans Ziel kommen, je weniger spürbar die zu durchkreuzende Landschaft, um so besser. Gilt einem verbreiteten Verständnis Didaktik, sei's in der Schule, sei's in der Universität, nicht als ein Instrument zur Beschleunigung und Effizientmachung der Lernprozesse, die ihren Sinn in der Erreichung eines überprüfbaren Wissensstandes haben? Die oben in dem Lichtenberg-Aphorismus angedeutete Gefährdung des «Prüfungsgeistes» durch das Lesen des Hand-

buchwissens läßt sich auch verstehen als Kritik an der Gering-
schätzung der Annäherung. Unterstützt wird diese Tendenz, die
dem Wissen die Erfahrung, wie es erst allmählich und über Um-
wege entsteht, zu nehmen droht, durch bestimmte wissenschaftstheoretische Thesen aus dem Umkreis von Popper und
Reichenbach: Demnach gehören in den streng wissenschaftlichen Kontext nur Aussagen, die den Begründungszusammen-
hang von Erkenntnissen treffen («context of justification»). Mit-
teilungen und Aufmerksamkeiten bezüglich des Entstehens und
Entdeckens von Erkenntniszusammenhängen hingegen haben
dieser Auffassung nach in wissenschaftlichen Darlegungen
nichts verloren, weil sie nur als Sache der persönlichen Psychologie zu gelten haben – also nichts zur systematischen Aufklärung der Sache beibringen können. Der «context of discovery»
bleibt demnach leicht draußen vor der Tür ernstzunehmender
Wissenschaftler-Aufmerksamkeit (vgl. Albert 1967, S. 39).

Man kann der Meinung sein, daß hier eine fatale Be-
schneidung des Wissens, das künftige Lehrer studieren sollen,
vorliegt. Ein Wissen, das nur sachlich-systematisch begründet
wird, läßt eben Fragen nach der Entstehung und nach der Kraft
von Staunen und Zweifel bei seiner Entstehung auf sich beru-
hen. Gerade diese Fragen aber wären es, in denen der künftige
Lehrer heimisch werden müßte – wenn es denn sein Beruf ist,
das Entstehen von Aufmerksamkeiten für Weltausschnitte in
Anfängern, Laien, Kindern zu kultivieren. Die stereotype Klage,
mit dem Fachwissen aus Universitätswissenschaften könne der
praktizierende Fachlehrer in den Schulen nur wenig anfangen,
hat hier eine Wurzel: Das von Annäherungs- und Entstehungs-
prozessen gereinigte Wissen mag ja für den innerwissenschaft-
lichen Fortschritt sehr geeignet sein – für Lehrer in sogenannten
Allgemeinbildenden Schulen ist es jener Züge entledigt, die
seine Entdeckung und Realisierung zu einem herausfordernden
Abenteuer werden lassen könnten. In der Sprache Adornos: es
verdinglicht. Und solches annäherungsneutral gemachte Wissen ist auch wohl kaum durch methodische Tricks aus der Pro-
blemlöse- oder Motivationspsychologie in einem substantiellen
Sinn wieder interessant zu machen.

Man mag nach Beispielen fragen – Beispielen, wie der Verlust der Annäherung sich auswirkt und wie der Entdeckungszusammenhang in die Wissenserzeugung einzubringen wäre. Bei dem Philosophen Richard Rorty findet sich die Unterscheidung zwischen zwei Arten der Textlektüre – wobei es sich zunächst um literarische Texte, Kunstwerke also, handelt. Rorty unterscheidet «methodische» von «inspirierter» Textlektüre:

> Zur methodischen Lektüre neigen gewöhnlich Menschen, die «keine Lust ‹auf Poesie›» verspüren, wie es Kermode im Anschluß an Valéry nannte. Methodische Lesearten findet man etwa in einer Anthologie zu Conrads «Herz der Finsternis», die mir jüngst große Qualen bereitete: psychoanalytisch, leserorientiert, feministisch, dekonstruktivistisch und neohistorizistisch – alles vertreten. Soweit ich erkennen konnte, war keiner der Interpreten von «Herz der Finsternis» hingerissen oder verunsichert. Offenbar sprach das Buch keinen von ihnen besonders an, interessierten sie sich kaum für Kurtz, Marlow oder jene Frau, die Marlow am Rand des Wassers sieht: ihr Haar «in der Form eines Helms frisiert» und mit einem «roten Fleck auf ihrer lohfarbenen Wange». Die Charaktere und das Buch hatten die Prioritäten dieser Leser nicht mehr verändert als Gewebeproben unterm Mikroskop einen Histologen.
> Unmethodische Kritik, manchmal auch als «inspiriert» bezeichnet, resultiert aus der Begegnung mit einem Autor, einer Figur, einer Handlung, einer Strophe, einer Zeile oder einem archaischen Torso, die das Selbstbild des Kritikers, seine Prioritäten, Werte und Ziele verändert haben: Solche Kritik mißbraucht den Autor oder Text nicht als Gewebeprobe eines bestimmten Körpers, sondern nimmt die Lektüre zum Anlaß, um eine anerkannte Taxonomie umzustürzen oder einer oft erzählten Geschichte eine neue Wendung zu geben.... (Rorty 1993, S. 1035 f.)

Die von Rorty so genannte «methodische Lektüre» läßt Empfindungen, Wahrnehmungen, Assoziationen, Erinnerungen,

(Gegen-) Gedanken, wie sie sich bei der «inspirierten» Lektüre einstellen, von vornherein ferngesteuert sein von Aufmerksamkeitsschemata, die aus einer favorisierten Theorie abgeleitet sind. Die Annäherungen sind nicht mehr offen, sie lassen sich nicht überraschen – sie suchen vielmehr nach Indizien der Bestätigung. Der Text ist dadurch von vornherein auf Distanz gebracht. Das literaturwissenschaftliche Wissen, das Lehrerstudenten auf der Universität kennenlernen, hat ohne Zweifel eine starke Schlagseite in Richtung «methodischer Lektüre».

Jede landläufige Abiturprüfungsaufgabe (vgl. Rumpf 1985, S. 126) kann dokumentieren, in welchem Ausmaß die Schulpraxis – auch unter dem Druck objektivierbarer Leistungsbeurteilung in Notenvaluta – gezeichnet ist von dem Wissen, das «methodischer Lektüre» im Sinn Rortys entspringt. Ohne den Widerpart des inspirierten Lesens freilich schrumpfen Literatur und Kunst zu neutralem Lehrstoff, der vielleicht mit denkpsychologischen Instrumenten noch aufbereitet werden kann – der aber die Menschen weder berührt noch verwandelt. Und diese Wirkung war doch unzweifelhaft einmal der Sinn solcher Werke in einer Schule, die etwas mit Bildung zu tun zu haben vorgab. Das Wissenschaftssubjekt schiebt sich vor das individuell wahrnehmende Subjekt – und es neigt dazu, die Annäherung an die unbekannte Sache geringzuschätzen: Es verspricht schnelles und bequem handhabbares Wissen.

Aber kann es denn um den Rückfall in beliebiges subjektivistisches Geschmäcklertum gehen, wenn hier ein Wissen angepeilt ist, das sich im Umgang mit Texten und kulturellen Dokumenten nicht von theoretischen Filtern der Aufmerksamkeit fernsteuern läßt?

Kranichs Blick fällt auf Naturerscheinungen. Es gibt eine entsprechende Wahrnehmungsaufmerksamkeit, die Kulturerscheinungen, Sedimente menschlichen Handelns also, nicht mit subsumtivem, sondern mit sich einlassendem Blick betrachtet, mit einem Blick, der sich treffen läßt. Ihm wird das scheinbar Altbekannte und schnell Verständliche unbekannt, neu, fremd. Weil er nicht hochgerüstet mit Vorwissen (das Bestätigung sucht), sondern mit lockerer, unbefangener Aufmerksamkeit die Gegebenheiten abtastet, um unter der zu schnell verständlichen Oberfläche den latenten Sinn aufzuspüren.

In den Sozialwissenschaften hat der Frankfurter Soziologe Ulrich Oevermann in der Nachfolge Adornoscher Kritik an der subsumtiven, nur auf Einordnung erpichten Hermeneutik alten Stils seine sogenannte «objektive Hermeneutik» entworfen und praktiziert, die den Erscheinungen von Texten, von Niederschlägen menschlicher Praxis durch inständigste Aufmerksamkeit für jedes kleinste Detail gerecht zu werden versucht: Ein Text beispielsweise wird nie als ganzer vorgenommen (denn dann wüßte man sofort und viel zu schnell Bescheid) – er wird, ohne Vorwissen und Voreinordnung, in kleinsten Sequenzen betrachtet und abgetastet: Wer kann das zu wem sagen? In welcher Situation? Was handelt er sich damit ein? Was bedeutet die Wahl dieses Wortes an dieser Stelle? Wie würde der Sinn changieren bei der Wahl eines anderen Wortes? Wie könnte die nächste Sequenz lauten? Vergleiche und Wiederholungen – was bringen sie? Überraschende Wendungen – woher rührt eine Überraschung? Gibt es Kontextvermutungen? Solche und ähnliche Aufmerksamkeitsrichtungen, an ein beliebiges Textstück sequentiell angelegt, fördern eine Phänomensensibilität, die durchaus der von Kranich angeregten Wahrnehmung von Lärche, Schwefel, Menschengestalt, Lichtbrechung verwandt ist. Und ein Denken, das nicht hinter, sondern vor oder in die Sache zu kommen versucht; ein Wissen schließlich, in dem die Annäherungs- und Entzifferungsarbeit nicht übersprungen wird, sondern präsent bleibt (exemplarisch Oevermanns Interpretation einer abendlichen Fernsehansage [Oevermann 1983], S. 234 ff.). Simone Weils Beschreibung der Aufmerksamkeit macht das Gemeinte deutlich:

> Die Aufmerksamkeit besteht darin, das Denken auszusetzen, den Geist verfügbar, leer und für den Gegenstand offen zu halten, die verschiedenen, bereits erworbenen Kenntnisse, die man zu benutzen genötigt ist, in sich dem Geist zwar nahe und erreichbar, doch auf einer tieferen Stufe zu erhalten, ohne daß sie ihn berührten. (Weil 1953, S. 103)

Das heißt aber, er müßte gelernt haben, das Wissen ernst zu nehmen und immer wieder aufzusuchen, das in tastenden Annäherungen entsteht und das den Verzicht auf das schnelle Erklimmen der abstrakten Subjektposition – die immer drüber steht – voraussetzt.

Ein letztes hier kurz vorzustellendes Beispiel dieser Art, mit Wissen umzugehen und Wissen entstehen zu lassen, finde ich bei dem großen Philologen Ernst Robert Curtius, der nun von dem Verdacht, er verzichte auf Disziplin, Rationalität und Sachlichkeit, völlig frei ist; es geht ihm im Gegenteil um Entäußerung und Hingabe an die Sache in ihrer Gestalt, um das Gegenteil von Selbstbestätigung durch beherrschende Zugriffe, die ja Wissenschaftswissen so oft durchdringen:

Man läßt sich [zunächst bei der Lektüre Proustscher Texte] treiben wie auf einem ruhigen mächtigen Strom, gewärtig aller Abenteuer, willig sich lösend vom hemmenden Automatismus der Gewohnheiten und der erstarrten Denkformen. Man trifft dann plötzlich auf ein paar Sätze, in denen die Originalität dieser Kunst sich zu entschleiern scheint. Diese Erfahrung wiederholt sich beim Fortschreiten der Lektüre. Aus einem verschwommenen Eindruck hebt sich bei der zweiten oder dritten Wiederkehr eines solchen Satzgebildes ein bestimmter Umriß empor. Man weiß jetzt, daß man an einer wenn auch vielleicht peripheren, so doch wesentlichen Stelle das Geheimnis der schöpferischen Originalität erfaßt hat. Ein deutlich greifbarer Einzelzug ist faßbar. Wie sich aber dieser Einzelzug zum Ganzen verhält, bleibt zunächst noch ganz unbestimmbar ... Nur aus der sorgsamen Sammlung und Vergleichung solcher Einzelzüge kann in immer erneuter und ausgeweiteter Betrachtung und Besinnung das Gesamtbild erarbeitet, kann die Intuition geklärt werden ... Kritische Begabung ... bedeutet nichts anderes als von solchen Einzelzügen frappiert zu werden. (Curtius 1924, S. 114)

Einige weitere Beispiele für solche anfänglichen Aufmerksamkeiten vorab aus dem Bereich der Humanwissenschaften habe ich in dem Aufsatz «Anfängliche Aufmerksamkeiten» (Rumpf 1993, S. 134 ff.) skizziert.

Wissen ist für Wissenschaftler, die in irgendeinem Sinn an der sogenannten Front der Forschung tätig sind, etwas anderes als für Studierende, die Lehrer werden wollen. Die Wissenschaftler interessieren sich nicht mehr im Ernst für das Grundlagenwissen, das sie in Handbücher ablagern und zum Lernen «bereitstellen». Noch weniger gehört es zu ihrem Forschungsinteresse, darüber nachzudenken oder nachzuforschen, was in den Sinnen und Köpfen von Menschen passiert, wenn Hunger nach Wissen entsteht und sie sich auf den Weg machen, sich etwas verstehend anzueignen.

Das Wissen, das Lehrer brauchen, befindet sich in einem anderen Aggregatzustand als das Wissen, das Wissensproduzenten der Wissenschaft als Handbuchwissen festgestellt haben. Es ist ein Irrtum anzunehmen, Wissen, wenn es denn nur sachlich richtig und wissenschaftlich approbiert sei, würde quasi automatisch die Menschen aufmerksamer, realitätstüchtiger, kreativer, kritischer machen. Daß es sogar auch das Gegenteil bewirken kann und nicht selten bewirkt, das gibt der Frage nach der Art von Wissen, das der Lehrer braucht, ihre Schärfe.

Ernst-Michael Kranich

Welche Wissenschaft braucht der Lehrer?

Gedanken zu einem heiklen Thema

Es scheint im Prinzip doch alles klar zu sein. Was Kinder und Jugendliche in der Schule lernen, soll dem Geist der modernen Zeit entsprechen, das heißt, jenen Anschauungen über die Welt und den Menschen, die in der neueren und neuesten Zeit erarbeitet wurden. Die Inhalte der Schule dürfen nicht von den subjektiven Anschauungen der Lehrer oder überholten Glaubensüberzeugungen bestimmt sein. Die Schule braucht Inhalte, die, wenn sie auch nicht letzte Wahrheiten sein können, einen objektiven Charakter haben und über dem, was im alltäglichen Leben so viel Verwirrung stiftet, Konflikte und subjektiven Nebel erzeugt, über der unreflektierten Meinung stehen. Und so gilt es als selbstverständlich, daß sich der künftige Lehrer zunächst als Jünger der Wissenschaft an eine jener Institutionen begebe, wo er in das geistige Klima der Moderne eintauchen kann. Für die Inhalte der Schule bleibt weiterhin die an den Hochschulen gelehrte Wissenschaft zuständig. Diese soll allerdings besser den Bedingungen der Schule angepaßt werden. Das ist die Aufgabe der Erziehungswissenschaft, der Fachdidaktik und einer Reihe neuer Angebote, die den künftigen Lehrer konkreter auf die pädagogischen Situationen vorbereiten.

Ist das aber schon alles bei der Reform der Lehrerbildung? Besteht das Neue im wesentlichen darin, daß man das Bisherige anders gewichtet und etwas ergänzt? Kann die Reform der Lehrerbildung nur darin bestehen, daß man den Geist, der sie bisher prägte, etwas anders herrichtet? So war es doch auch bisher: Der an den Hochschulen vorherrschende Geist, von dem der Lehrer während seines wissenschaftlichen Noviziats durchdrungen wurde, wird in der Schule in vereinfachter Form zum Lehrinhalt. Bei diesem Verständnis von «Reform» fehlt aber an dem, wie ich meine, entscheidenden Punkt die reformatorische Gesinnung.

Bei den Überlegungen zur Erneuerung der Lehrerbildung gibt es allem Anschein nach einen unantastbaren Kern. Daß die Schule der Universität geistig unterzuordnen sei, scheint eine Art von Axiom zu sein. Dies setzt aber voraus, daß die heutige Form von Wissenschaft für eine Schule, die ihren Erziehungsauftrag besser als bisher einlösen soll, ein brauchbarer Inhalt ist. Das ist aber gar nicht so klar. Horst Rumpf macht in seinem Beitrag deutlich, daß der Wissenserwerb an der Hochschule in der Regel gerade das nicht enthält, was von diesem Wissen in der Schule — besonders nach der Reform der Lehrerbildung — erwartet wird: daß es eine Bedeutung für die Persönlichkeitsbildung hat (Bildungskommission NRW 1995, S. XIII). Es besteht eine tiefe Diskrepanz: Das Wissen ist für den forschenden Wissenschaftler etwas anderes als für Studierende, die Lehrer werden wollen. Vor allem liegen die Interessen der Wissenschaft und die Probleme der Pädagogik weit auseinander. In der Wissenschaft fragt man: «Wie hat man vorzugehen, daß man zu nachprüfbaren Resultaten kommt?» Man ist — zumeist im Rahmen eines herrschenden Paradigmas — auf die Gewinnung neuer Ergebnisse hin orientiert. Die andere Frage — die nach der Bedeutung der wissenschaftlichen Anschauungen und Methoden für die Entwicklung des Menschen besonders im Kindes- und Jugendalter — wird in der Regel nicht aufgeworfen. Eine unklare Verwendung des Begriffes «Lernen» verschleiert das Problemfeld.

Niemand wird bezweifeln, daß man bestimmte aus der Wissenschaft herrührende Inhalte auch als Kind und Jugendlicher lernen kann. Es geht aber nicht nur um das Lernen und die Bewertung der Lernfortschritte, sondern um die Bedeutung des Lernens für den heranwachsenden Menschen. Diese liegt allerdings nicht so offen da wie die Ergebnisse einer schriftlichen Arbeit. Ohne ein Urteil über diese Bedeutung gibt es aber keine pädagogische Legitimation für die heute übliche Übertragung von Wissenschaft auf die Schule. Beim Nachdenken über neue Formen der Lehrerbildung kann man dieses Thema nicht ausklammern. Es ist allerdings ein brisantes Thema, weil es an die Fundamente der bisherigen Lehrerbildung rührt.

Ich möchte dieses Thema von verschiedenen Ausgangspunkten aus angehen. Wenn im Folgenden von *Wissenschaft* die Rede ist, ist der Blick zunächst auf die Naturwissenschaften gerichtet. Vieles gilt aber auch für andere Wissenschaften, für die Linguistik, die Literaturwissenschaft, die Geschichte usw.

*

Man sagt, die Wissenschaft gehe von den Tatsachen, von den Phänomenen aus, das heißt von dem, was objektiv anzutreffen ist. Schon hier stößt man auf Prämissen, die, wie sich zeigen wird, für die Pädagogik folgenreich sind. Um die Objektivität der Ergebnisse zu garantieren, wird vor allem in den Naturwissenschaften streng darauf geachtet, daß die Tatsachen so weit wie möglich unabhängig vom Menschen untersucht werden. Es soll nichts vom Inneren des Menschen, das heißt nichts Subjektives, in die Ergebnisse einfließen. Im alltäglichen Leben nimmt das persönliche Erleben seinen freien Lauf; und in bestimmten Disziplinen der Wissenschaft zählen Empathie und Verstehen zu den Methoden und Zielen. Wo es aber um exakte Wissenschaft geht, versteht sich der Forscher als neutraler Beobachter, der in distanzierter Bewußtheit zur Kenntnis nimmt, was sich unmittelbar oder im Experiment zeigt. Was man an den Tatsachen erlebt, was sich in der fühlenden Seele regt, was man als schön und erhaben, als düster und grauenerregend empfindet, alle Stimmungen und Ahnungen, mag in der Kunst von Bedeutung sein – aus dem Felde der Wissenschaft ist es jedoch fernzuhalten. Auch wenn es Zweifel an der Gültigkeit des Objektivitätspostulates gibt, so bestimmt es noch ungebrochen weite Bereiche der Forschung und der akademischen Lehre. Hans Jonas hat das Objektivitätspostulat, jenes Fundament der neuzeitlichen Wissenschaftsentwicklung, mit folgenden Worten charakterisiert:

> Diese Alleinherrschaft der abstandnehmenden und vergegenständlichenden Wahrnehmung brachte es im Zusammenwirken mit dem dualistischen Spalt zwischen Subjekt und Objekt, als zwei heterogene Reiche betrachtet, dahin,

daß jede Übertragung von Charakteren innerer Erfahrung in die Interpretation der Außenwelt mit strengem Bann belegt wurde. (Jonas 1994, S. 68)

Das Streben nach Objektivität ist unverzichtbar. Kann man aber behaupten, in dem, was man distanziert registriert, erfasse man ein Phänomen besser als dann, wenn man sich ihm mit voller innerer Anteilnahme zuwendet? Im Vorgriff auf die genauere Untersuchung dessen, was diese Objektivität und das Auffassen von objektiven Phänomenen unterscheidet, sei auf eine Feststellung von Gernot Böhme verwiesen: «Das Wahrnehmen wird auf seiten des Subjektes völlig unzureichend erfaßt, wenn man es nur als ein Konstatieren von etwas begreift.» (Böhme 1992, S. 137) Dieses «Unzureichende» gilt aber weithin als wissenschaftliche Haltung.

Der distanzierten Betrachtung erscheint die Welt als eine Summe von Tatsachen. Die Konsequenz ist ein bestimmter Erklärungsmodus: Die Erscheinungen sind aus dem äußeren Zusammenwirken von möglichst elementaren Tatsachen, das heißt kausalanalytisch, zu interpretieren. So sucht man in Physik, Chemie, Biologie, Physiologie, selbst in Psychologie und Lerntheorie nach Mechanismen, nach einem Kausalnexus. Darüber wird vielfach vergessen, was in dieser objektivistischen Weltbetrachtung ausgeblendet wird.

Dies aber kommt einem bisweilen zum Bewußtsein: Man sieht in den Bergen an einem von der Sonne beschienenen Hang eine Lärche. Man betrachtet den kräftigen, senkrecht aufstrebenden Stamm und die lockere Folge der Äste, die vom Stamm in den umgebenden Raum hinausdringen und sich dabei zu ihrem Ende hin etwas nach oben wenden. Dann bemerkt man an den Zweigen, die von diesen Ästen nach unten hängen, die weichen, hellgrünen Nadeln und die kleinen Zapfen; an den jungen Trieben stehen die Nadeln einzeln, an den älteren in dichten Büscheln. Die ganze Gestalt ist dem Licht und der Atmosphäre gegenüber völlig offen.

Wenn man sich dieser Erscheinung aussetzt, kann sie zum Rätsel werden. Es steigen Fragen auf: «Gibt es einen inneren

LÄRCHE *Larix decidua*

Zusammenhang zwischen dem lockeren Bau dieser Gestalt, der Beweglichkeit der hängenden Zweige, dem für einen Nadelbaum so auffallend hellen Grün der Nadeln und der Tatsache, daß die Lärche im Herbst ihre Nadeln verliert wie unsere Laubbäume die Blätter?» «Wie ist die Beziehung dieses Baumes zur Welt der Berge, ihrem besonderen Jahresrhythmus mit der großen Intensität des Lichtes im Sommer und der unerbittlichen Kälte des Winters?» usw. In solchen Fragen sucht man nach dem Wesen des Baumes und dessen Zusammenhang mit der Natur. Fragen dieser Art, die beim Betrachten der Pflanzen, der Tiere, der Landschaften im Menschen aufsteigen, finden in der objektivistischen Weltbetrachtung keine Antwort. Sie sind ihr fremd. Für sie gibt es nur das äußerlich Registrierbare und die Mechanismen, aber keine tieferen Dimensionen.

Für eng begrenzte Bereiche der Natur ist diese Betrachtungsweise angemessen. Spätestens aber, wenn man in das Gebiet der Lebenserscheinungen kommt, führt sie zur Unterdrückung des Verstehens. Da wird Wissenschaft unter dem Postulat des Objektivismus zu einem Prokrustesbett, das jene Regungen verhindert, die über das distanzierte Betrachten und die mechanistische Interpretation hinausstreben.

Diese Äußerung entstammt keinem antiwissenschaftlichen Affekt, sondern sie gibt einen Hinweis auf notwendige Unterscheidungen. Die Tatsachen, die in der Forschung aufgedeckt werden, sind nicht das Problem, sondern die Hypothesen und Theorien aufgrund dessen, was sie als Wirklichkeit ausgeben. Aufgrund bestimmter Prämissen kommt man zu der Auffassung, «daß die Gene die entscheidenden Elemente für die Determination eines Organismus sind» (Suzuki u. a. 1991, S. 6). Da werden die Gene der 80 Chromosomen in den Zellen der Amsel und die Anschauungen der Molekularbiologie dann wesentlicher als die Amsel selbst. Oder die physiologischen Vorgänge zwischen den efferenten Nerven und den Muskeln des Arms sind wichtiger als der Mensch und dessen innere Erlebnisse, die in den Gebärden zum Ausdruck kommen. Der Forscher mag Teilaspekte aus einem Ganzen isolieren und meinen, so käme er zu einem Bild der Wirklichkeit. Problematisch wird es, wenn der künftige Lehrer durch sein wissenschaftliches Studium dieser Illusion verfällt. Denn dann wird sie durch ihn in der seelischen und geistigen Entwicklung von Kindern und Jugendlichen wirksam.

Die Beziehung zu der unmittelbar wahrgenommenen Natur, den Pflanzen, Tieren, Landschaften usw., ist eine andere als die zu Einzelfakten, Tabellen und Mechanismen. Gegenüber den Fakten und mechanistischen Modellen verstummen das innere Miterleben und die tieferen Gefühle. Das sind aber jene Regungen der Seele, durch die eine persönliche Beziehung zur Welt entsteht und die Welt für den Menschen bedeutsam wird. An die Stelle von Erleben und Empathie tritt distanziertes Zur-Kenntnis-Nehmen. Elementares Interesse und Anteilnahme reduzieren sich zu einer pädagogisch stimulierten Neugier. Schon vor Jahrzehnten hat Adolf Portmann auf «eine wenig beachtete Atrophie des Empfindungs- und Gefühlslebens» als Konsequenz dieser Naturinterpretation hingewiesen (Portmann 1968, S. 395). Die Folgen können unter Umständen recht dramatisch sein. Seit längerer Zeit kennt man in der Psychiatrie die Langeweile- und Sinnlosigkeits-Neurosen, das Leiden junger Menschen unter entsetzlicher Langeweile und völliger Sinnlosigkeit. Nach den Worten des bekannten Psychiaters Medard Boss wurden die Menschen in einer bedeutungsleer gewordenen Weltbegegnung «blinder und blinder. Ihr eigenster Lebenssinn kam ihnen abhanden.» (Boss 1978, S. 1027) Boss schildert einen Fall, der für viele steht. Einer seiner Patienten, ein Student der Ingenieur-Wissenschaften, antwortet dem Psychiater in einem Gespräch auf die Frage, was für ihn ein blühender Kirschbaum sei: «... ein Molekülhaufen ... Alles das andere ... vermöchte er nur für unwirkliche innerseelische Vorstellungsbilder zu halten» (ebd., S. 1028). Hinter den Vorstellungsbildern der Molekularbiologie ist die lebendige Natur uninteressant und irreal geworden. – Das allmähliche Verschwinden der Wirklichkeit (v. Hentig) beginnt nicht erst unter dem Einfluß der Medien, sondern in der Schule. Und das hat Wirkungen.

Der Mensch braucht für sein inneres Dasein Erlebnisse, wie die Lunge und der ganze Organismus für ihr Leben die Luft bzw. den Sauerstoff benötigen. Die Schule läßt den jungen Menschen in seinem inneren Bedürfnis nach Erlebnissen aber weitgehend allein. Er muß anderswo nach Anregungen für sein Erleben suchen. Familie, Kirche, die christlichen Feste usw. haben für viele heute keinen Wert mehr. So gerät der junge Mensch zunehmend in den Sog der modernen Angebote – des Konsums, der Medien, des Alkohols, der Drogen und der übersteigerten Sexualität. Sein letzter Ausweg sind Sensation und Genuß. Die Schule ist nicht nur, wie man vielfach hört, hilflos gegenüber der Übermacht dieser Einflüsse; sie ist durch ihre der Wissenschaft entlehnten Inhalte in gewissem Umfang auch eine Ursache für diese problematische Entwicklung.

*

Während seiner Ausbildung sollte der künftige Lehrer lernen, die Welt umfassender, als das üblicherweise im wissenschaftlichen Fachstudium geschieht, zu begreifen. Es geht also nicht um ein Weniger an Wissenschaft, sondern um deren Erweiterung über die vom Objektivismus gezogenen Grenzen hinaus. Eine solche Erweiterung wird heute von manchem gesucht; an ihr wird auch gearbeitet. Messner, Rumpf und Buck (1997) weisen neben dem «Systematischen Wissen der Naturwissenschaft» auf vier weitere Formen des Naturwissens hin. Sie alle benötigt man, «um den Problemen der Natur, ihrer Erfahrung und Erklärung sowie den durch ihre technisch-gesellschaftliche Indienstnahme entstehenden Fragen auf die Spur zu kommen» (S. 26). Von dem, was bei dieser Erweiterung bereits erreicht ist, ist in der an den Universitäten herrschenden Lehre aber kaum etwas zu bemerken.

Ich möchte in zwei Richtungen verfolgen, was mit *Erweiterung* gemeint ist, in die Richtung des wahrnehmenden Auffassens und die des gedanklichen Verarbeitens. Zunächst eine Episode, die in die erste dieser Richtungen weist:

Vor einigen Jahren kam ein Mädchen aus der Schule nach Hause. Die Mutter fragte: «Was habt ihr heute in Französisch gelernt?» «‹Lumière›». Die Mutter: «Weißt du noch, was ‹lumière› heißt?» «Ja, ‹lumière› heißt ‹Licht›». Der kleine vierjährige Bruder macht in diesem Moment auf sich aufmerksam und ist höchst unzufrieden. Die Mutter bemerkt es und fragt, was er meine. «‹Lumière› heißt nicht Licht!» Auf diese entschiedene Äußerung des Kindes die Mutter: «Weißt du denn, was ‹lumière› heißt?» Die sichere Antwort: «‹Lumière› heißt Schimmer!»

Diese Antwort ist überraschend. Wie kommt der kleine Junge zu dieser Aussage? Er hat das Wort als Lautgestalt und nicht als Zeichen für einen Inhalt aufgefaßt, insbesondere aber den Unterschied zur Lautgestalt von *Licht*. Gegenüber dem *i* von Licht ist das *ü* von *lumière* dunkler, es steht zwischen dem hellen *i* und dem dunklen *u*. Im Vergleich zu dem intensiv nach außen strömenden *ch* ist der Laut *m* ganz zurückgehalten. Und anstelle des hart auftreffenden *t* in Licht klingt *lumière* viel musikalischer aus. Wenn *Licht* das Wort für das hell strahlende Licht ist, dann ist *lumière* der Ausdruck für etwas, was gegenüber dem Licht gedämpft, verhalten und weniger klar ist, für das zum Schimmer abgedämpfte Licht.

Der Äußerung dieses Kindes liegt eine sensible Wahrnehmung von Sprache zugrunde, die man verliert, wenn man nicht auf das Wort als solches achtet, sondern die Aufmerksamkeit auf das Gemeinte (Bezeichnete) richtet. Man kann sich aber dem Wort selbst, der Qualität seiner Laute und dem Ganzen der Lautgestalt zuwenden. Dann registriert man nicht; man kommt zum Erleben der Laute und der Lautgestalt, indem man sie innerlich mitlebt. Durch die Untersuchungen von William Condon weiß man, daß man die innere Gebärde der Laute in feinen, unbemerkten Bewegungen, die vom Kopf über die Arme und Hände bis zu den Füßen reichen können, mitvollzieht – jeden Laut in einem ganz spezifischen Bewegungsmuster. Auch wer ein Wort hört, ohne seine Lautgestalt zu erleben, vollzieht diese in den unbewußten Bewegungen mit. Die Meinung, man registriere das Wort beim Hören distanziert, ist eine Täuschung. Was sich im Wahrnehmen abspielt, ist nicht die vom Objektivismus geforderte Trennung von Objekt und Subjekt, sondern gerade deren Überwindung im regsamen Mitvollziehen, besonders wenn man in diesem Prozeß zum bewußten Erleben der Lautgestalt der Worte kommt. Gernot Böhme hat darauf aufmerksam gemacht, daß das Wahrnehmen ein Vorgang ist, der bis in die leibliche Befindlichkeit reicht und sich hier ereignet. Er fügt hinzu:

> Allgemein kann man sagen, daß für uns moderne Menschen sich das Moment der Befindlichkeit erst dann zeigt, wenn man bereit ist, sich auf die Wahrnehmung selbst ausdrücklich und länger einzulassen. (Böhme 1992, S. 137)

Das gilt auch für andere als lautliche Wahrnehmungsbereiche. Die Form eines Gegenstandes, einer geometrischen Figur oder einer Linie nimmt man nur wahr, indem man sie beim Betrachten mit den Bewegungen der Augen mitvollzieht. Dieses weitgehend unbemerkte Nachahmen ist nicht nur ein Prozeß der Augen. Man bildet dabei eine Vorstellung, ein inneres Bild. Melchior Palagyi schildert dies mit folgenden Worten:

> Wenn wir eine Gestalt mit großem Interesse betrachten, so zeichnen wir ihre Konturen unwillkürlich und wohl auch unvermerkt durch eingebildete Bewegungen nach; ja es ist überhaupt nicht möglich, Gestalten anders als durch eingebildete Bewegungen zu erfassen. (Zitiert nach Rumpf 1986, S. 74)

Bei subtiler Aufmerksamkeit kann man bemerken, daß dieser Vorgang auch im Fühlen miterlebt wird. Dadurch wird eine tiefere Dimension der Form bewußt, ihr gebärdenhafter Ausdruck, das heißt ihr ästhetischer Gehalt, so wie ihn Wassily Kandinsky beschreibt: «Die Form ist der äußere Ausdruck des inneren Inhaltes.» (1973, S. 137) Eine horizontale Linie ist Ausdruck von Ruhe und Weite, ein Kreis ist ganz in sich zentriert und zugleich Ausdruck von vollkommener Harmonie zu seiner Umgebung, in der er gleichsam schwerelos schwebt.

Unter den verschiedenen Linien und Richtungen hat die Vertikale eine besondere Bedeutung. Man weiß, daß man sich sicherer im Gleichgewicht hält, wenn man in der Umgebung senkrechte Strukturen wahrnimmt. Senkrechte Strukturen kann der Mensch als solche aber nur wahrnehmen, wenn er sich im irdischen Schwerefeld befindet (vgl. Furrer 1987). Das Organ für das Wahrnehmen des Vertikalen ist die eigene Auseinandersetzung mit der Schwere, das heißt die eigene vertikale Organisation und Haltung. Im Wahrnehmen des Senkrechten vollzieht man das Senkrechtsein in der eigenen Haltung mit; man aktiviert es unwillkürlich und wird so im Halten des Gleichgewichtes sicherer. Das Wahrnehmen des Vertikalen beruht also auf einer weitgehend unbemerkten Willensaktivität.

Was Gernot Böhme im Wahrnehmungsvorgang als *leibliche Befindlichkeit* beschreibt, ist vor allem auch ein Mitvollziehen in den inneren Regsamkeiten des Fühlens und des Willens (siehe hierzu Steiner 1992, S. 109 ff. und 123 ff.). So ist Wahrnehmen in der Hingabe an die Phänomene seinem Wesen nach immer auch persönlich. Distanziertes Registrieren kann für den Moment erhöhte Bewußtheit bewirken, auf die Dauer bedeutet es aber eine Verkümmerung des Wahrnehmungsvorgangs, das heißt eine Abschwächung und Verflachung im Auffassen der Phänomene. Der Objektivismus ist deshalb partielle Verdrängung des Objektiven.

Das zeigte sich besonders deutlich an der Erfindung des Unterschiedes von primären und sekundären Sinnesqualitäten durch Galilei und John Locke. Das Auffassen von Farbe, Klang und Wärme/Kälte ist nicht weniger objektiv als das von Form und Konsistenz, verlangt aber eine innere Regsamkeit. Der distanzierten Betrachtung ist Gelb eine Art des Hellen. In der Hingabe an das Gelb empfindet man innere Beweglichkeit und die Tendenz eines verströmenden Ausstrahlens. Durch Goethe wird man auf weitere Eigenschaften aufmerksam: «... eine unmittelbare Wärme scheint uns anzuwehen». Das Gelb führt in seiner «höchsten Reinheit immer die Natur des Hellen mit sich und besitzt eine heitere, muntere, sanft reizende Eigenschaft» (Goethe 1975, S. 291). Das Blau hat innere Tiefe; es ist im Gegensatz zum Gelb kühl und ruhig. Aus der Sicht des Malers Wassily Kandinsky: «Die Neigung des Blau zur Vertiefung ist so groß, daß es gerade in den tieferen Tönen intensiver wird und charakteristischer innerlich wirkt ... Es ist eine unendliche Vertiefung in die ernsten Zustände, wo es kein Ende ... gibt.» (1973, S. 92 f.)

Das sind nicht subjektive Reflexe des Seelischen auf Farbeindrücke; es ist die Erfahrung der Farbe, die sich einstellt, wenn man sich auf sie einläßt. Die moderne Synästhesieforschung beschreibt Phänomene, die das deutlich unterstreichen (Rittelmeyer 1996 und 1997).

Ebenso empfindet man das Helle, Distinkte und den intensiven Charakter hoher Töne, das Dunkle und Voluminöse tiefer Töne, die besondere Klangfarbe der verschiedenen Instrumente im inneren Miterleben. Je intensiver dieses wird, desto deutlicher erfährt man, daß man sich den Tönen nicht wie Dingen zuwendet, sondern in ihren Klängen und Harmonien innerlich mitlebt.

Soll die Welt nicht weiterhin in jenen wesenlosen, von Qualitäten weitgehend entleerten Bildern erscheinen und wie bisher in dieser Form zur Grundlage besonders des fortgeschrittenen schulischen Wissens werden, dann muß man zuallererst das unsensible Verhalten den Erscheinungen gegenüber überwinden. In der Sinnespsychologie weiß man, daß man die Sensibilität in den verschiedenen Sinnesbereichen durch Aufmerksamkeit und Übung erhöhen und dadurch die Farben, Töne usw. differenzierter, nuancenreicher auffassen kann. Die innere Regsamkeit im Empfinden von Form, Farbe, Klang, Sprache usw. wird besonders geschult, wenn man durch künstlerisches Üben produktiv mit diesen Qualitäten umgeht. Beim Malen lebt man im Gestalten von Farben und Farbklängen, das heißt in einer Tätigkeit, die voll bewußt und dennoch das Gegenteil von registrierender Distanz ist. Nicht nur des Malens, des Zeichnens und der Musik wegen gehört die Kunst in die Lehrerausbildung, sondern sie ist auch wichtig für die Schulung eines Auffassungsvermögens, das sensibel genug ist, um die Erscheinungen der Welt möglichst genau auffassen zu können.

Die Folgen für das Verstehen der Natur sind recht erheblich. Farben, Töne und Wärme erscheinen als Entitäten von gleicher Objektivität wie Masse und Bewegung. Die Meinung, man könne diese Qualitäten auf elektromagnetische Schwingungen bestimmter Frequenzen, longitudinale Schwingungen eines Mediums oder Bewegung von Molekülen zurückführen, erweist sich als Illusion. Die Annahme, nur das Quantifizierbare sei wirklich, ist der Glaubenssatz eines Denkens, dem die Welt der Qualitäten fremd und verschlossen ist.

*

Was ergibt sich, wenn man sich nun mit der skizzierten Sensibilität des Wahrnehmens den Erscheinungen zuwendet? Was dem distanzierten Betrachten ein neutraler Gegenstand war, wird in seinen Formen gebärdenhaft, in seinen Farben ausdrucksstark. Ein Beispiel: Man wendet sich einem Laubbaum, zum Beispiel einer Esche, und einer Fichte, einem Nadelbaum, zu. Man verfolgt die Form des Stammes, die Formgebärden der Zweige und Äste. Bei der Fichte ist der Stamm auffallend vertikal. Man empfindet in den aktiven Prozessen der eigenen Aufrichtungsorganisation, wie der Baum mit seinem Stamm ganz in der Wirkungsrichtung der Gravitation drinnensteht. Dieser Stamm ist das durchgehende Zentrum der ganzen Gestalt. Die Äste gliedern sich ihm in Etagen an. An dem Hängen der tieferen Äste wird der starke Einfluß der Gravitation, dieser rein irdischen Wirkung, deutlich sichtbar.

Bei der Esche hat sich nur unten ein kräftiger Stamm gebildet, der sich dann beim Übergang zur Krone aufteilt. Im Gegensatz zu der stark zentrierten Gestalt der Fichte erlebt man, wie sich die ganze Gestalt weitet, indem die Äste ziemlich gleichmäßig nach allen Richtungen in den umgebenden Raum hinausdringen. An der Peripherie wenden sie sich etwas nach oben. Hier sind auch die Blätter. Der Innenraum ist ziemlich leer, aber von Licht, das durch die lockere Blätterhülle dringt, erfüllt.

Indem man die Formen der Esche im Betrachten mitvollzieht, erfaßt man eine starke Hinwendung der ganzen Gestalt zum Umkreis, das heißt zur durchlichteten Atmosphäre. Die Zweige, selbst ältere Äste, wirken durch ihre graugrüne Farbe lebendig. Ganz offensichtlich stehen sie mit dem Licht in Verbindung und nehmen es assimilierend in ihren Lebensprozeß auf. In den Blät-

tern ist die Blattfläche in eine Anzahl von Fiederblättchen auf-
gelöst. Diese ordnen sich an der in die Umgebung stark hinaus-
dringenden Blattachse an; ihre spitz zulaufende Form ist Ausdruck auch eines intensiven Hinausstrebens. So gliedern sich
die Blätter in den Raum des Lichtes und in die Atmosphäre ein —
wie der Baum mit seiner ganzen Gestalt und den Zweigen.

Wendet man sich nun wieder der Fichte zu, dann bemerkt
man, wie hier die Entfaltung der Äste zu einer Krone durch die
starke Zentrierung gleichsam zurückgehalten ist. An den Zweigen steht eine Nadel dicht neben der anderen. Das Wachstum
der Internodien ist stark gehemmt. Diese Hemmung empfindet
man auch im Betrachten der Nadeln, wenn man sich bewußt-
macht, daß sie eigentlich Blätter sind. Ihr Stiel ist ganz kurz, die
Blattflächen sind fast vollständig unterdrückt. Von Hingabe an
das Licht, die sonst für Blätter charakteristisch ist, ist kaum
etwas zu bemerken. Und so entstehen und vergehen die Nadeln auch nicht wie die Blätter unserer Laubbäume im Rhythmus der zu- und abnehmenden Sonnenwirksamkeit des Jahres.
Zentrierung, das heißt Hemmung der Entfaltung, durchzieht
den ganzen Baum, auch wenn er hoch hinaufwächst und die
Äste weit hinausdringen. Im dunklen Grün der Fichte empfindet man eine starke Konzentration der Farbe, in dem hellen
Grün der Esche den dem Licht und der Atmosphäre gegenüber
offeneren Charakter.

Während man sonst solche Formen beim Betrachten mit den
sakkadischen Blickbewegungen der Augen nur unbewußt mitvollzieht, entwickelt man diese Tätigkeit nun bewußt als aktiven
Prozeß des vorstellenden Wahrnehmens. Dieses mitvollziehen-
de Tun wird von den Dingen bestimmt, von ihren Formen, auch
von ihren Farben, Klängen usw. Was man tut, kennt man aber
von innen. So durchbricht man im mitvollziehenden Wahrnehmen die Distanz zu den Dingen; denn man lernt das Äußere
nun von innen kennen. Man erfaßt und erlebt den inneren Charakter der Dinge. Es wird etwas von ihnen sichtbar, was der distanzierten Weltzuwendung verschlossen ist.

Bemüht sich der künftige Lehrer, Pflanzen durch sensible
Wahrnehmungsprozesse in ihren Formen und Farben in der

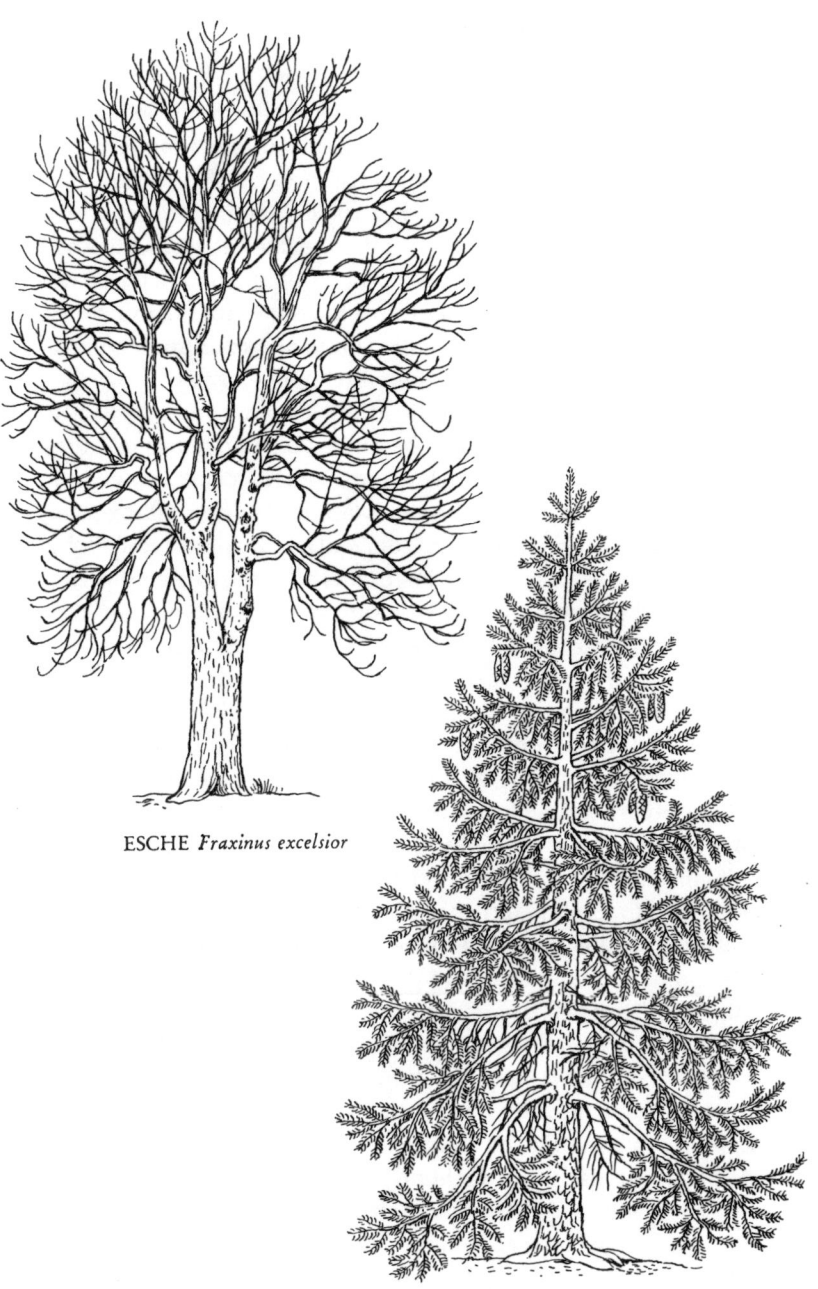

ESCHE *Fraxinus excelsior*

FICHTE *Picea abies*

skizzierten Weise zu erfassen, stößt er auf bestimmte Schwierigkeiten. Man ist normalerweise mit dem Auffassen einer Sache
fertig, wenn man die Tatsachen konstatiert hat. Nun muß er lernen, die Phänomene innerlich regsam mitzuvollziehen, und
darf dabei nicht der Gefahr verfallen, subjektive Eindrücke in
die Phänomene zu projizieren. Er bemerkt auch, daß charakte-
risierendes Beschreiben eine Kunst ist, die er üben muß. Wenn
der Lehrer durch seine Worte die Dinge nicht zur Sprache bringen kann, werden es die Schüler auch nicht lernen.

Das gilt aber nicht nur für die Pflanzenwelt, sondern auch für
das weite Reich der Tierwelt. Besonders bei den höheren Tieren
werden im mitvollziehenden Wahrnehmen Gestalt, Bewegung
und Verhalten in weit höherem Maß als bei den Pflanzen als
Ausdruck ersichtlich: Die kurzen, seitwärts orientierten Beine
eines Krokodils sind Ausdruck für das schwere Lasten des Kör-
pers und die Macht der Gravitation bei seinem Leben auf dem
Land, die gestreckten Beine eines Hirsches für das souveräne
Tragen des Rumpfes und ein freieres Verhältnis zum umgebenden Raum. In der Bildung des Halses erfaßt man, wie sich
das Tier mit dem Kopf und den Sinnen den Eindrücken aus der
Umgebung zuwendet. An dem kurzen Hals eines Rindes oder
Flußpferdes wird sichtbar, daß sich das Tier nicht mit seinen
Sinnen zu einem weiteren Umkreis wendet und der Kopf in
hohem Grade der Ernährung und Verdauung dient; er steht
deutlich mit den entsprechenden Organen des Rumpfes in Beziehung. Sinne und Gehirn/Schädel treten gegenüber dem
Maul und der Mundhöhle in den Hintergrund. Bei den Vögeln
mit ihren großen Augen und der hohen Intensität des wahrnehmenden Bewußtseins sind die Hälse besonders lang; das
Maul ist zum Schnabel verkümmert.

Wenn man die Bewegung eines Menschen wahrnimmt, so
kommt es unwillkürlich im eigenen Leib zu einer unbemerkten
Aktivierung der entsprechenden Muskeln (vgl. Hommel u.
Stränger 1994, S. 570 ff.). Dadurch erfaßt man den Ausdruck, die
Gebärden und Gesten. In ähnlicher Weise kann man die Bewe-
gungen der Tiere mitvollziehen: die behäbige Bewegung eines
Bären, die impulsive eines Pferdes, die schmiegsam sensible

eines Leoparden, das schwerelose Dahingleiten eines Fisches usw. Schult sich der künftige Lehrer im innerlich regsamen Betrachten und Beschreiben solcher Phänomene, wird ihm der Ausdruckscharakter, den er schon in der Gestalt erfaßt hatte, nun noch lebendiger und intensiver. Das Wahrnehmen von Tieren wird, wenn es sich der Wirklichkeit annähert, physiognomisch. Die bloß anatomisch-morphologische Beschreibung von Tierformen erfaßt nur einen Teilaspekt. Sie wird vollständig, wenn man während der Lehrerausbildung im anatomisch-morphologischen Bau den physiognomischen Ausdruck wahrzunehmen lernt. Sonst wird man in der Schule Tiere wie Tische oder Apparate mit einigen zusätzlichen physiologischen Eigenschaften, bestimmten Verhaltensweisen und ökologischen Aspekten behandeln.

Selbst die Betrachtung der Stoffe, das heißt das Gebiet der Chemie, erweitert sich durch ein sensibles Wahrnehmungsvermögen, wenn die Abwertung der sekundären Sinnesqualitäten den Blick auf die Phänomene nicht mehr verstellt. Auch hier kann ich nur durch ein Beispiel auf die phänomenologische Erweiterung hinweisen.

Schwefel tritt als Element an verschiedenen Stellen der Erde in gelben Kristallen auf. Die Farbe, die rhombische Form, die geringe Dichte (2,07) und Härte (unter 2 in der Mohsschen Härteskala), die spröde Konsistenz und der Schmelzpunkt von 112,8 °C sind ebenso Manifestationen dieser Substanz wie die Wertigkeiten, das Atomgewicht usw. Was ergibt sich, wenn man sich auf die genannten Tatsachen einläßt? Die gelbe Farbe des Schwefels ist, wie Gelb überhaupt, Ausdruck von innerer Regsamkeit und einer Tendenz des Verströmens. Was Goethe als Anhauch von Wärme bezeichnet, ist im Gelb des Schwefels etwas abgeschwächt. In der völligen Ruhe des gelben Kristalls äußert sich eine gleichsam in der Form geronnene Dynamik. Härte und Dichte weisen darauf hin, daß der Übergang in den festen Zustand nur zu einer geringen Erstarrung führt und daß sich die Substanz des Schwefels nur relativ wenig verdichtet. Und am niedrigen Schmelzpunkt zeigt sich, daß schon eine geringe Erwärmung ausreicht, um die kristalline Erstarrung zu überwinden. Schwefel geht also nicht sehr tief in den festen, kristallinen Zustand über. Die in ihm wirkenden Kräfte verhindern eine stärkere Verdichtung und Erstarrung. Das äußert sich in dem Gelb der Schwefelsubstanz.

Wird Schwefel auf 96 °C erwärmt, vollzieht sich im festen Zustand eine allmähliche Verwandlung. Der rhombische Schwefel geht unter geringer Wärmeaufnahme in die strahlige Form des monoklinen Schwefels über. Schon die rhombischen Kristalle sind im Gegensatz zur kubischen Kristallform nach den drei Richtungen des Raumes unterschiedlich stark ausgebildet. Der Übergang zu den monoklinen Nadeln bedeutet eine weitere Abschwächung der dreidimensional ausgeprägten Form und damit verbunden eine Verringerung der Dichte (1,96). Unter 95 °C geht der monokline Schwefel mit schwacher Wärmeabstrahlung und Verdichtung wieder in den kompakteren rhombischen Schwefel über.

Schwefel ist eine Substanz, die auf Wärme viel regsamer reagiert als fast alle anderen Elemente. Auch der flüssige Schwefel geht bei stärkerem Erhitzen in einen zweiten flüssigen Zustand über, der bei rascher Abkühlung unter den Schmelzpunkt zunächst nicht erstarrt, sondern eine Zeitlang plastisch bleibt, also etwas von dem beweglichen Zustand bewahrt. Schwefel hat mit zwei festen, zwei flüssigen und drei gasförmigen Zuständen eine außerordentlich differenzierte Beziehung zur Wärme. Und im Durchlaufen dieser Zustände offenbart sich eine ungewöhnliche innere Wandelbarkeit. Auch das äußert sich in seiner gelben Farbe mit ihrem Charakter der inneren Beweglichkeit.

In gleicher Weise kann man während der Lehrerausbildung auch andere Elemente und Stoffe betrachten. Dabei wird deutlich, daß es ganz unangemessen ist, die an Stoffen wahrnehmbaren Phänomene geringer zu bewerten als die Bilder von Atomen und Molekülen. Durch das Eingehen auf die Phänomene wird ihr innerer Zusammenhang sichtbar. Man kommt zu dem Begriff des betreffenden Stoffes, den die Chemie, für die Farbe, Härte usw. nur unwesentliche Attribute von Atom- oder Molekülaggregaten sind, nicht kennt. Im phänomenologischen Verstehen der Stoffe wird eine Wirklichkeitsdimension sichtbar, die den Schülern durch die Einengung des Bewußtseins auf das Quantitative aber verschlossen bleibt. Die Konsequenz ist eine ganz unzutreffende Auffassung der materiellen Welt.

Phänomenologisches Verstehen der Elemente ist die Voraussetzung für phänomenologisches Verstehen chemischer Prozesse.

*

Das Problem, das dem bisher Dargestellten zugrunde liegt, wurde verschiedentlich formuliert (z.B. Husserl 1982, Feyerabend 1984, Rumpf 1993 und 1994, Böhme 1992). Horst Rumpf spricht von der «Verdrängung oder Liquidation des primären, des lebensweltlich sensiblen erfahrungshungrigen Subjekts zugunsten der rücksichtslosen Durchsetzung eines abstrakten Wissenschaftssubjektes» (1993, S. 133). Diesem Wissenschaftssubjekt scheint das «vor Augen Liegende, das einzelne, das Verwesliche ... nur ein in Windeseile auf charakteristische Merkmale abzutastendes Material zu sein» (ebd., S. 126). Einer solchen bedenklichen Transformation des Menschen auf seinem Weg zum Lehrerberuf kann man nur entgehen, wenn man die mit ihr verknüpfte Einengung des Erkenntnishorizontes bemerkt und sie durch Schulung und Übung schrittweise überwindet.

Das gilt nicht nur für das Gebiet der wahrnehmenden Vergegenwärtigung der Erscheinungen, sondern auch für das Denken, das heißt für jene geistige Tätigkeit, die zum Verstehen führen kann. Die Lehrerausbildung sollte nicht nur eine Aneignung von Wissen und Theorien sein; sie sollte sich in Wegen zum Verstehen vollziehen.

Diese sind recht vielfältig. Es gibt allerdings etwas, was ihnen gemeinsam ist, und zwar die Ausgangsposition: jene Begegnung mit den Phänomenen, in der das Erlebnis des Rätselhaften zur Frage wird. Ohne solche Begegnung, bei der man aus dem Bann des Gewohnten heraustritt und im Erleben der Frage bemerkt, daß etwas zu suchen ist, was Antwort gibt, degeneriert das Erkennen allzuleicht zu einem Zur-Kenntnis-Nehmen von Theorien. Die Frage gibt dem Denken innere Orientierung, denn man prüft an ihr, ob sich die Schritte des Denkens der Antwort annähern. Geht der Mensch im Erkennen nicht vom Erleben des Rätsels aus, ist sein Denken in einem tieferen Sinne orientierungslos. Martin Heidegger schrieb einmal, das Fragen sei «die Frömmigkeit des Denkens» (1988, S. 36). In der Frage öffnet sich der Mensch dem noch Verborgenen; das Denken begibt sich unter Ablegung jeder Herrschaftsattitüde, selbstlos tätig auf den Weg, auf dem ihm das Verborgene sichtbar werden kann.

Mit *Denken* meine ich nicht, was Jean Piaget als konkrete und formale Operationen beschreibt. Das sind logische Kompetenzen, die nur bestimmte Bedingungen des Denkens darstellen. Sie verhalten sich zum Denken wie das Wissen des Statikers zu der gestaltenden Tätigkeit des Architekten. Das Denken ist ein Vollzug, der den ganzen Menschen betrifft, nicht nur die logischen Operationen des Verstandes. In jedem echten Erkenntnisprozeß durchschreitet der Mensch bestimmte Phasen, die von der Phänomenologie des Denkens beschrieben werden (vgl. Graumann 1964). Der Erkenntnisprozeß wurzelt im Erleben. Hier beginnt er mit dem Staunen, in dem die Frage aufkeimt. Er geht weiter über die Vorahnung bis zur Einsicht. Das Erkennen ist ein durch und durch persönliches Geschehen. Man durchlebt Phasen der Ungewißheit und des Zweifels; man ringt sich allmählich zu Klärungen durch. Und man erlebt die Erweiterung des Horizontes im Verstehen. Indem Dunkles sich aufhellt, verändert man sich als Mensch: Es kommt zu einer Vereinigung mit dem Wesen der Dinge, in der die Enge des Nur-Persönlichen durchbrochen wird.

Gegenüber dem, was man auf solchen Wegen an inneren Korrekturen und Veränderungen, an Erweiterung seiner Person durchlebt, ist das vermittelte Wissen eine blasse Chimäre. Das ist die zentrale Aussage des Beitrages von Horst Rumpf in diesem Buch, die dort von verschiedenen Aspekten her erläutert und begründet wird. Die Lehrerausbildung hat einen bildenden Wert, wenn der künftige Lehrer die Bedeutung des Denkens für seine eigene Entwicklung erfährt. Deshalb gehört zu den Bedingungen für die Berufung an eine Institution der Lehrerbildung die Fähigkeit, künftige Lehrer zu sensiblem Auffassen der Erscheinungen und zu einem solchen Denken anleiten zu können.

Was den Menschen zu einem Lehrer werden läßt, wie er heute für die veränderten Erziehungsaufgaben gebraucht wird, ist nicht eine gehörige Summe theoretischen Wissens mit dem Vermögen, dieses Wissen erfolgreich zu vermitteln – verbunden mit einer gewissen sozialpädagogischen Kompetenz. Denn dieses Wissen ist steril. Zum Lehrer wird man nicht durch theoretisches Wissen, sondern durch erlebte, persönlich bedeutsame Wahrheit; durch Wahrheit, die den Menschen verändert.

*

Den Charakter des persönlich durchlebten Denkens möchte ich in vier verschiedenen Dimensionen kurz skizzieren. Man kann unterscheiden:

- · das Denken im kausalen Erkennen;
- · das Denken in Bildern;
- · das Denken in Wechselbeziehungen (organisches Erkennen);
- · das Denken im physiognomischen Erkennen.

Diese Formen des Erkennens benötigt man als Lehrer, wenn man die Natur und den Menschen verstehen und verständlich machen will. Sie sind nicht als Stufen aufzufassen, von denen die eine einen höheren Wert hat als die andere. Sie stehen zu verschiedenen Dimensionen der Wirklichkeit in Beziehung. Ihrer Anlage nach treten sie wohl zu verschiedenen Zeiten auf, stehen dann aber gleichwertig nebeneinander.

Ich erwähne nur beiläufig, daß diese Formen des Denkens mit Ausnahme des kausalen Denkens auch in anderen Bereichen als denen des Naturerkennens von Bedeutung sind.

Das *kausale Erkennen* besonders zu erwähnen könnte überflüssig erscheinen. Man weiß ja, um was es sich handelt; außerdem ist kausales Erklären nach einer weit verbreiteten Auffassung Sache der Vergangenheit. So schreibt Thomas Kuhn:

Der engere Begriff der Ursache war ein lebenswichtiger Teil der Physik des 17. und 18. Jahrhunderts, doch im 19. Jahrhundert nahm seine Bedeutung ab und im 20. ist sie nahezu verschwunden. (1978, S. 80 f.)

An die Stelle der bewirkenden Ursachen trat die mathematische Formulierung passender Formalismen. Das mag für bestimmte Bereiche der modernen Physik zutreffen; es könnte aber auch sein, daß man es sich mit der Formulierung einer mathematischen Gesetzmäßigkeit zu einfach macht. Zwei einfache Beispiele mögen das erläutern: Man kann bekanntlich an einem Doppelhebel das Hebelgesetz *Kraft × Länge des Kraftarms = Last × Länge des Lastarms* empirisch ableiten; und man kann dasselbe tun mit dem Snelliusschen Brechungsgesetz $\frac{\sin\alpha}{\sin\beta} = n^*$, indem man beim Übergang eines Lichtbündels aus der Luft in Wasser oder einen Körper aus Glas den Einfallswinkel (α) und den Brechungswinkel (β) genau mißt. Mit dem Hebelgesetz und dem Brechungsgesetz sind Relationen mathematisch formuliert. Durch die mathematische Formulierung versteht man aber noch nicht, wieso zum Beispiel zwischen 4 kp (20 cm vom Drehpunkt) und 2 kp (40 cm) Gleichgewicht herrscht oder weshalb das Lichtbündel beim Eintauchen in die dichtere Materie seine Richtung nach dem Snelliusschen Gesetz ändert. Die mathematische Beschreibung eines physikalischen Geschehens ist noch keine Erklärung. Und Schüler werden am Verstehen gehindert, wenn der Unterricht ihnen nicht mehr bietet. Werner Heisenberg hat diese Erfahrung im Verlauf eines Gesprächs mit Wolfgang Pauli ausgesprochen: «Das mathematische Gerüst der Relativitätstheorie mache mir zwar keine Schwierigkeit; aber damit hätte ich doch wohl noch nicht verstanden»; und im weiteren: «... ich fühle mich von der Logik, mit der dieses mathematische Gerüst arbeitet, gewissermaßen betrogen. Oder, du kannst auch sagen, ich habe die Theorie mit dem Kopf, aber noch nicht mit dem Herzen verstanden.» (Heisenberg 1975, S. 41 f.) Es geht nicht primär um das Herz, sondern um eine noch fehlende Einsicht, die auch das Herz berührt und persönlich bedeutsam ist.

---

* n ist eine Materialkonstante für das dichtere Medium.

Das Hebelgesetz lernt man verstehen, wenn man die Kräfte auf den beiden Seiten des Doppelhebels zunächst für sich und dann in ihrem Zusammenwirken betrachtet. Die eine, zum Beispiel rechte Seite des Doppelhebels wird durch das Gewicht von 4 kp, das hier 20 cm vom Drehpunkt befestigt ist, nach unten gezogen. Dabei wird die linke Seite in 20 cm Entfernung mit der gleichen Kraft und um die gleiche Distanz nach oben gedreht. Ebenso wird auf der linken Seite der Doppelhebel von den 2 kp in 40 cm Entfernung vom Drehpunkt nach unten und auf der rechten Seite in der gleichen Distanz ebenfalls mit der Kraft von 2 kp nach oben gedreht. Nun muß man bedenken, daß der Kraftaufwand, genauer: die Arbeit, beim Emporheben eines bestimmten Gewichtes proportional der Hubhöhe ist *(Arbeit = Kraft × Weg)*. Die 2 kp der linken Seite heben auf der rechten Seite in der gleichen Distanz (40 cm) 2 kp auf eine bestimmte Höhe. In der halben Distanz (20 cm) vom Drehpunkt wird von diesen 2 kp das doppelte Gewicht (4 kp) emporgehoben, weil die Hubhöhe hier nur die Hälfte beträgt. Hier wirken dieser Kraft aber die 4 kp entgegen. Der Doppelhebel befindet sich im Gleichgewicht. Man erfaßt den kausalen Zusammenhang, indem man in voller Besonnenheit mit vollzieht, wie die Kraft auf der einen Seite des Doppelhebels mit der auf der anderen Seite zusammenwirkt.

In entsprechender Weise kann man sich bewußtmachen, wie es zwischen dem Lichtbündel und der dichteren Materie beim Übertritt in Wasser oder Glas zu einer Wechselwirkung kommt, bei der das Licht in bestimmter Weise in seiner Bewegung gehemmt wird: mit der notwendigen Folge der Richtungsänderung (und der Verlangsamung der Lichtgeschwindigkeit). (Siehe hierzu Kranich 1997.)

Diese Beispiele verdeutlichen etwas Prinzipielles. Für kausales Erkennen muß man zunächst die Eigenschaften der einzelnen Faktoren genau kennenlernen und dann das Zusammenwirken derselben im Denken, das heißt ideell, nachvollziehen. Das objektive Geschehen zeigt nur das Auftreten bestimmter Erscheinungen beim Zusammenwirken bestimmter Faktoren. Indem man aber im inneren tätigen Mitvollzug des Zusammenwirkens der Kräfte und der veränderten Bewegungsdynamik (beim Eintauchen des Lichtes in die dichtere Materie) die Prozesse nicht mehr nur distanziert beobachtet, erfaßt man, was in der mathematischen Fomulierung der Naturgesetze zum Ausdruck kommt: das ist die strenge Notwendigkeit des «wenn ... dann ...», das heißt die Kausalität.

Kausalität ist nichts Abstraktes. Sie herrscht in weiten Bereichen der anorganischen Natur: im Lagern der Gesteine, im strömenden Wasser der Bäche und Flüsse, im Entstehen und Dahinziehen der Wolken, im Verdunsten und Regnen, in dem Rot der Morgendämmerung, dem Blau des Himmels usw. Hat man durch die geschilderte Form des Denkens die Naturgesetze erkannt, kann man mit ihnen die Vorgänge in der Natur bewußter als zuvor miterleben.

Kausales Erkennen ist auch in der Chemie die angemessene Methode. Es hat allerdings mehr zu leisten als die heute übliche Verfahrensweise, in der nur die quantitativen Aspekte berücksichtigt werden. Durch diese wird das Verstehen weitgehend unterdrückt. Bei den chemischen Reaktionen stellt man fest, daß Stoffe entstehen, die andere Eigenschaften haben als die Ausgangsstoffe. Der Zusammenhang zwischen den Eigenschaften der Reaktionspartner und denen des Reaktionsproduktes bleibt unklar. Denn die Reaktionsgleichungen und Formeln ignorieren die qualitativen Eigenschaften. Die Chemie hat wohl kausale Erklärungen, vermittelt aber kein kausales Erkennen. Erarbeitet man zunächst, wie das am Beispiel des Schwefels geschildert wurde, phänomenologisch Begriffe der chemischen Elemente, dann wird es auch möglich, die neu entstehenden Stoffe aus den Prozessen und dem Zusammenwirken der Elemente zu verstehen (vgl. Kranich 1997 und 1998).

Das *Denken in Bildern* ist nicht das übliche Nachdenken über Erscheinungen. An den Erscheinungen der Natur bildet man Vorstellungen. Und beim Nachdenken geht man von diesen Vorstellungsbildern normalerweise in einer bestimmten Weise zum Begriff über. Der Begriff ist im Gegensatz zu den Erscheinungen bzw. den konkreten Vorstellungsbildern das Allgemeine, das, was ihnen gemeinsam ist. So wird Begriffsbildung vielfach als Verallgemeinerung verstanden, in der diejenigen Merkmale ausgesondert werden, die nicht überall anzutreffen sind. Auf das Problem, das mit dieser Art des Denkens verknüpft ist, hat zum Beispiel S. L. Rubinstein hingewiesen:

> Das Allgemeine ist ... eigentlich nur das sich wiederholende Einmalige. Offenbar kann eine solche Verallgemeinerung nicht über die Grenzen der sinnlichen Einmaligkeit hinausführen ... Die Verallgemeinerung bedeutet ... also nicht eine Vertiefung und Bereicherung, sondern eine Verarmung unseres Wissens: Jede Verallgemeinerung, die spezifische Eigenschaften der Dinge unberücksichtigt läßt, die von ihnen abstrahiert, führt zum Verlust eines Teils unseres Wissens von den Dingen und damit zu immer dürreren Abstraktionen. (Rubinstein 1968, S. 449)

Begriffen, die das Ergebnis solcher Verallgemeinerung sind, haftet das Äußerliche der dinghaften Erscheinung an, nur in einer verkümmerten Form. Sie lösen kein einziges Rätsel, sie beantworten keine einzige Erkenntnisfrage. Wie man zunächst vor den Dingen stand, steht man nun im Denken vor den Schemata, zu denen die Vorstellungen, die man sich von den Dingen gebildet hatte, in der Abstraktion geschrumpft sind.

Die Voraussetzung für ein Denken, das nicht in diese Verarmung einmündet, liegt in dem sensiblen Gewahrwerden der Phänomene, wie es am Beispiel der Fichte und Esche geschildert wurde. Indem sich die Erscheinungen vollständiger aussprechen, werden die Vorstellungsbilder inhaltsreicher. Nun kann man mit dem Denken diese Bilder durchdringen. Das kann in verschiedener Weise geschehen, indem man zum Beispiel von dem Bild der Fichte auf das der Lärche hinschaut und bemerkt, wie die Gestalt der Lärche offener ist. Das wird zum Anlaß, nach der Beziehung dieser Baumgestalten zueinander zu fragen und das Bild der Fichte ihrer inneren Gesetzmäßigkeit gemäß in der Vorstellung zu verändern.

Man läßt die Äste der Fichte weiter in die Umgebung hinauswachsen. Dabei löst sich die Hemmung in den Internodien etwas

65

auf. Das hat zur Konsequenz, daß auch in den Nadeln die Verdichtung abnimmt. Die Nadeln werden weicher und länger, ihr Grün wird heller. Damit wird die Verbindung mit der Umgebung, vor allem mit dem Licht der Sonne stärker. Indem die hemmenden Wirkungen schwächer werden, entstehen nun in den Achseln der Nadeln Knospen, das heißt die Anlagen zu Seitentrieben. Von diesen entfalten sich im kommenden Jahr aber nur die Nadeln als Büschel. Hier ist dann die Vereinigung des Baumes mit dem Licht besonders stark. – So vollzieht sich Werden und Vergehen der Nadeln nun im Lichtrhythmus des Jahres.

Wenn das Wachstum auch im Stamm stärker wirkt, werden die Abstände zwischen den Etagen der Zweige größer. Dadurch wird der ganze Baum offener und kommt in einen stärkeren Zusammenhang mit der Umgebung. Die Zweige geben sich an die Bewegung des Windes hin, und der Baum gliedert sich in den Raum des Lichtes ein. So wächst die Lärche dort, wo auf der einen Seite die Wirkung des Lichtes in der hellen Jahreszeit besonders intensiv wird und dann die eisige Kälte des Winters die Lebensprozesse besonders stark unterdrückt: in den höheren Regionen des Gebirges. Hier dringt sie weiter als die Fichte in jene Regionen hinauf, in denen dieser Rhythmus zwischen Intensität des Lichtes und lähmender Kälte extrem ist.

Dieses Beispiel soll darauf hinweisen, daß es nicht nur ein Nachdenken *über* Erscheinungen, sondern ein Denken *in* Bildern gibt. Zunächst ist das Vorstellungsbild statisch. Durch die Aktivität des Denkens wird es beweglich. Man geht von der Vorstellung zu einem gestaltenden Vorstellen über, in dem das Denken das Bild gesetzmäßig verwandelt. Was man denkend gestaltet, kennt man aber in seinem Werden, in seiner inneren Gesetzmäßigkeit. Auf diese Weise erfaßt man den inneren Bildungszusammenhang der Lärche, das heißt den *Begriff* der Lärche – auch den von anderen Pflanzen.

Das Denken löst sich hier nicht von den Erscheinungen. Es durchdringt sie mit seiner lebendigen Aktivität und erfaßt in ihnen das zuvor verborgene Wesen der Erscheinung. Damit wird das Verhältnis des Menschen zur Erscheinungswelt ein anderes: Sie wird geistig transparent. Sie wird Bild, *imago*; Bild im Sinne von *imago* ist das Offenbarwerden des Wesens in der Erscheinung.

Das Erüben dieses Denkens, durch das man von der sinnlichen Erscheinung zur bildhaften Offenbarung der Welt fortschreitet, sollte ein zentrales Thema der Lehrerausbildung sein. Anders als bei der Verallgemeinerung, die in die Verarmung führt, gelangt der künftige Lehrer durch das Denken in Bildern von der Oberfläche in die Tiefe der Erscheinungen. Er lernt die Pflanzen und die Tiere verstehen. Durch tätiges Nachvollziehen wird aber auch die Erde in ihren unterschiedlichen Landschafts- und Klimazonen verständlich. Es gibt Gebiete, wie die Geometrie, in denen das bewußte Nachvollziehen der Formen schon immer geübt wurde. Ein anderes dieser Gebiete ist das Betrachten von Kunstwerken, bei dem man das Bild, die Plastik oder das Bauwerk im Anschauen innerlich durchlebt und dabei im Inneren noch einmal entstehen läßt. Der Umgang mit Kunst fördert die Entwicklung des Denkens in Bildern in besonderer Weise, weil jedes echte Kunstwerk schon *imago* ist. Deshalb sollte die Übung im lebendigen Betrachten von Kunst ein Fundament der Lehrerausbildung sein.

Das *Denken in Wechselbeziehungen*: Ein Gebiet, das jeder Lehrer kennen und verstehen sollte, ist das der Lebensvorgänge. Die Meinung, dies sei Sache der Biologen, der Physiologen usw., ist eine problematische Folge der Aufteilung der Wirklichkeit in Spezialdisziplinen. Der Lehrer hat es unentwegt mit Lebensprozessen zu tun; denn das schulische Lernen greift fortwährend in den Lebensorganismus der Schüler ein. Jede geistige Tätigkeit führt zu Veränderungen der Gehirndurchblutung (siehe z.B. Lassen u.a. 1987). Bei Rechenoperationen steigert sich die Durchblutung der für die Fingerbewegungen verantwortlichen Muskeln im Unterarm (Golenhofen u.a. 1961). Seelische Erlebnisse wie Gefühle und Affekte wirken sich im Atemrhythmus und in der Herztätigkeit (Schäfer 1979) und im Immun-System (Miketta 1992) aus; aber auch, wie man durch zahlreiche Beobachtungen der psychosomatischen Medizin weiß, in den Organen des Intestinaltraktes. Schulische Belastung hemmt sogar das Wachstum (vgl. Knußmann 1980, S. 166).

Ein Lehrer, dem es um den Menschen geht, kann sich nicht nur bezüglich des Lernens der Schüler engagieren; er sollte sich auch für die Wirkungen des Unterrichts in den unbewußten Regionen des Lebens interessieren und verantwortlich fühlen. Eine differenzierte Physiologie des Lernens ist deshalb ein wichtiges Thema der Lehrerausbildung. Darüber hinaus hat man sich als Lehrer mit den großen Themen der Zeit zu befassen. Zu diesen gehört angesichts der destruktiven Folgen unserer wissenschaftlich-technischen Zivilisation im Lebensgefüge der Natur das Bemühen um ein neues Verständnis des Lebendigen.

Im Bereich des Lebendigen gibt es keinen Stillstand, alles ist in ständigem Fluß. Der Physiologe Heinz Penzlin schreibt: «Wir wissen heute, daß es kein einziges Molekül gibt, das für sich lebendig ist, auch nicht die Eiweiße oder die Nukleoproteide.» (Penzlin 1994, S. 82) Leben ist keine Eigenschaft der Materie; Leben ist immer ein Geschehen innerhalb eines Organismus. Und der Organismus ist ein Ganzes, das nur im harmonischen Zusammenwirken seiner Glieder existiert und sich dabei fortwährend selbst erzeugt; er ist, nach einem Terminus des chilenischen Physiologen Humberto Maturana, «autopoietisch» (Maturana u. Varela 1987, S. 55 ff.).

Um in die Sphäre des immer Beweglichen, sich selbst Erzeugenden einzudringen, bedarf es eines besonderen Denkens. Man kann es auf einer ersten Stufe an der Pflanzenwelt ausbilden. Wenn die höhere Pflanze während ihrer Entwicklung ein Blatt bildet, dann geht dieses in die Erstarrung über. Der Bildungsprozeß erneuert sich im Entstehen eines nächsten Blattes. In der Wiederholung der Blatt- und Internodienbildung äußert sich der autopoietische Charakter des Lebendigen. Vollzieht man mit dem gestaltenden Vorstellen die Bildung eines Blattes mit und dann die des jeweils folgenden Blattes, die sich häufig etwas von der des vorangehenden Blattes unterscheidet, dann nimmt man tätig an einem sich erneuernden Gestaltungsprozeß teil. Das setzt sich fort, wenn man im Sinne der Goetheschen Metamorphosenlehre die Umwandlung zu den folgenden Stufen des Pflanzenlebens (Blütenhülle, innere Blütenorgane, Frucht- und Samenbildung) im gestaltenden Denken nachvollzieht. Dabei erfaßt man, wie das, was man zunächst als äußeres Nebeneinander der Organe wahrgenommen hat, aus einem sich verwandelnden Bildungsprozeß hervorgeht und dadurch in einem inneren Zusammenhang steht. Man lernt die sichtbaren Formen eines Lebewesens von seinem bildenden Leben zu unterscheiden. Die Formen sieht man von außen, das Leben erfaßt man im gestaltenden Denken. Indem man nun bemerkt, wie die verschiedenen Organe der Pflanze in einem inneren Zusammenhang stehen und sich gegenseitig bedingen, erfährt man das Wesen des Organismus.

Mit dieser Einsicht betritt man gleichsam das Gebiet des Lebendigen. Und es wird deutlich, wie man – auch in der Lehrerausbildung – zu einem neuen Verständnis gelangen kann. Besonders durch Darwin kam es zu der Meinung, ein Lebewesen bestehe aus der Summe einzelner Merkmale, die sich durch zufällig auftretende Mutationen unabhängig voneinander verändern können. Seit den 80er Jahren wird von verschiedenen Seiten auf die Unzulänglichkeit dieser Anschauung aufmerksam gemacht (Denton 1985, Ho/Saunders 1984, Rieppel 1989, Wesson 1991, Weingarten 1993). In einem Organismus gibt es keine voneinander isolierten Merkmale. Das einzelne Organ steht in lebendiger Wechselwirkung mit allen übrigen. Es herrscht das Gesetz von der Korrelation der Organe (Cuvier). Der Organismus ist eine in sich selbst begründete Wesenheit, die nicht, wie man vielfach hört, von Einzelfaktoren, zum Beispiel den Genen, ableitbar ist (siehe hierzu Goodwin 1984, Webster 1984, Müller 1994).

Um das Lebendige in seinen inneren Gesetzen zu verstehen, muß man das Gebiet des diskursiven Denkens, das von einer Tatsache logisch zur nächsten weiterschreitet, verlassen. Man geht auch über das Denken in Bildern hinaus; denn man hat sich eine geistige Anschauung der ständig sich erneuernden gegliederten Ganzheit mit ihren Wechselwirkungen zu erarbeiten. Das ist die Bedingung, um die Welt des Lebendigen in ihrer inneren Gesetzmäßigkeit kennenzulernen. Es ergibt sich aus der Idee des Organismus, daß die stärkere oder unvollständige Ausbildung eines Organs gesetzmäßige Veränderungen im Ganzen des Organismus nach sich zieht. So kann man im gestaltenden Denken mitvollziehen, wie sich der pflanzliche und tierische Organismus zum Beispiel durch die Verstärkung des Stengel- oder Blütenbildungsprozesses bzw. durch besonders starke Ausbildung einzelner Sinnesorgane, des Halses, der Beinorganisation oder der Verdauungsorgane in Spezialformen, das heißt in bestimmte Familien und Gattungen, ausgestaltet (Steiner 1979 und 1990, Julius 1969, Schad 1971, Kranich 1989, 1995, 1996, Oltmann 1995).

Sonderformen dieses Denkens in Wechselbeziehungen stellen das Denken in Systemen und das der Kybernetik in Rückkoppelungsvorgängen dar, wo die Wirkung zugleich Ursache ist. Die Idee des Organismus ist die Voraussetzung, um die größeren Zusammenhänge der Ökologie, die Erde als ganzheitlichorganisches Wesen (Lovelock 1991) und die Erde im Zusammenhang mit dem Kosmos verstehen zu können. Die Erweiterung des Bewußtseins zu einem ganzheitlichen Verstehen ist heute eine wesentliche Aufgabe der Schule und deshalb ein Thema der Lehrerausbildung.

Das *Denken im physiognomischen Erkennen*: Durch das Denken in Wechselbeziehungen wird der Lehrer fähig, den lebendigen Organismus, besonders auch den des Menschen, zu verstehen, natürlich auf der Grundlage konkreter anatomisch-morphologischer und physiologischer Sachkenntnis. Das ist ein Aspekt der Anthropologie, der aber noch nicht das umgreift, was sich im physiognomischen Ausdruck zeigt. Ich verwende den Begriff des Physiognomischen in einem weiten Sinne. Er umfaßt alles, was in der unmittelbaren Erfahrung als Ausdruck eines Inneren im Leib erscheint: das Antlitz mit seiner Physiognomie und dem wechselnden Spiel der Miene, die Gebärden und Gesten, den Gang und die Haltung. Es handelt sich nach Philipp Lersch um ein «Ineinander- und Miteinanderexistieren» des Inneren und Äußeren:

Indem gewisse körperliche Erscheinungen sich vollziehen [die des mimisch-physiognomischen Ausdrucks im Gesicht], der körperliche Zustand also in spezifischer Weise bestimmt

ist, realisiert sich das, was wir in der Innenschau als rein seelischen Zustand der Traurigkeit oder Angst kennen. (Lersch
1966, S. 17)

Physiognomisches Erkennen geht also von der Beobachtung
aus: Der Leib wird von Seelischem so durchwirkt, daß es als
Ausdruck im Leib erscheint. Dieses Seelische ist zunächst als
ein rein Inneres bewußtzumachen; dann ist zu schildern, wie es
den lebendigen Organismus als dessen Physiognomie durchdringt. Physiognomisches Erkennen wäre also die Methode
konkreter Menschenerkenntnis, die der Lehrer braucht, wenn
er Kindern und Jugendlichen nicht nur als Adressaten von Un-
terweisung, sondern als individuellen Menschen begegnen
will. Ein Beispiel möge das verdeutlichen.

Das umfassendste physiognomisch bedeutsame Phänomen
ist die vertikale Haltung. Seit den 70er Jahren wurde durch
Skelettfunde von Vormenschen (Australopithecus) in Äthiopien
und Ostafrika wieder deutlich, daß diese *Haltung* das Signum
des Menschseins überhaupt ist, nicht, wie man davor meinte,
eine bestimmte Größe des Gehirns. Die vertikale Haltung ist
Ausdruck innerer Aktivität, die von den Füßen bis zum Kopf im
Leib die Schwere überwindet. Sie ist das Ergebnis eines individuellen Bemühens, durch das sich das Kind im ersten Lebens-
jahr aufrichtet und dann im Laufe der folgenden Jahre im Stehen und Laufen sicher wird. Die innere Kraft, die in der
Auseinandersetzung mit der Gravitation tätig ist, ist der Wille,
das heißt jenes Wirken, das der Mensch in jedem Augenblick
des Tuns erneuert und das er besonders deutlich im Durch-
halten erlebt. Im Willen ist der Mensch ganz aus sich selbst
tätig. Dieser Wille hat in der vertikalen Haltung einige Be-
sonderheiten. Er durchwirkt als einheitliche Aktivität den ganzen Leib von unten bis oben. Er überwindet die Schwere in der
Gegenrichtung ihres Wirkens vollständig. Dabei hält sich der
Mensch mit feinen Ausgleichsbewegungen im Gleichgewicht.
Dadurch ist er in sich zentriert. Im Wirken aus sich selbst beim
Überwinden der Schwere und im Sich-in-sich-Zentrieren hat
der Wille den Charakter des Ich. Die vertikale Haltung ist der

physiognomische Ausdruck des Ich. Bei sensibler Aufmerksamkeit empfindet man feine Unterschiede zwischen der Haltung einzelner Menschen (vgl. hierzu auch Buytendijk 1956 und Straus 1980).

Die Signatur des Ich ist besonders deutlich in den Beinen, und zwar in ihrer vollständigen Streckung und ihrer ungewöhnlichen Länge (55 % der Gesamtlänge), das heißt in einem intensiven postnatalen Wachstum gegen die Schwere. Man findet sie in der Art, wie der Rumpf in der Hüftregion, zwischen vorn und hinten im Gleichgewicht balanciert wird; dann in der Wirbelsäule mit ihren Biegungen, die sich unter der Belastung beim Sitzen und Stehen verstärken; durch die Aktivität in der Rückenmuskulatur wird das leichte Zusammensinken aber fortwährend überwunden. Schließlich manifestiert sie sich im freien Tragen des Kopfes.

In der vertikalen Haltung befindet sich der Mensch beim Stehen in aktiver Ruhe (Buytendijk). Aus der Ruhe kann er sich den Eindrücken, die ihm aus der Umgebung entgegenkommen, zuwenden. Er kann sie aufnehmen und innerlich verarbeiten. Durch die vertikale Haltung kann er aus der Ruhe durch den Entschluß in die Bewegung und Tätigkeit übergehen. So ist die vertikale Haltung Bedingung für alle Tätigkeit, die vom Ich des Menschen geführt wird, wie etwa das Lernen und das bewußte Handeln.

Die Signatur des Ich zeigt sich auch im vertikalen Bau des menschlichen Hauptes: in der runden, in sich zentrierten Form des Schädels, in der Unterordnung des Gesichts unter die Stirn, in der vertikalen Orientierung der Nase und der Orthognathie. Was am horizontalen Bau des tierischen Kopfes Ausdruck ist von Begierde im Maul und affektiver Zuwendung in der Nase, ist beim Menschen zurückgehalten. In seiner Form ist das menschliche Haupt der physiognomische Ausdruck von Zurückhaltung und Beherrschung.

Hinter der Stirn, dieser spezifisch menschlichen Bildung, liegt der präfrontale Cortex, der menschlichste Teil des Gehirns, den kein Tier in der gleichen Form besitzt. Er ist das Organ für das Erarbeiten komplizierter geistiger Zusammenhänge, für produktives schöpferisches Gestalten, für das Planen von Handlungen und das Festhalten der Absicht bei der Tätigkeit, aber auch für Selbstbesinnung und Selbstkritik (Lurija 1970, Creutzfeldt 1983, Fuster 1989). Das sind jene vom Ich geführten geistigen Tätigkeiten, durch die der Mensch ein Wesen ist, das lernen, seinen Horizont erweitern, sein Verständnis vertiefen, das heißt sich entwickeln kann.

Physiognomische Anthropologie hat wenig mit dem zu tun, was man bei Lavater und in seinem Gefolge als Physiognomik findet. Dieser Physiognomik fehlen eine anthropologische Grundlage und eine Methode, die den persönlichen Eindruck, subjektive Interpretation und Erkenntnis voneinander abzugrenzen vermag. Physiognomische Anthropologie ist jene Erkenntnisweise, die die Kluft zwischen einer Anatomie, Morphologie und Physiologie ohne Seele und Ich auf der einen und einer Psychologie ohne Leib auf der anderen Seite überwindet. Sie hat eine Beziehung zur Phänomenologie von Maurice Merleau-Ponty, unterscheidet sich aber von ihr, weil diese im Begriff des Leibes den lebendigen Leib, Seele und Ich als undifferenzierte Einheit zusammenfaßt. Und verglichen mit der Phänomenologie von Hermann Schmitz wird der Bereich des Seelischen als innere Erfahrung verstanden.

Soll die Lehrerausbildung stärker als bisher auf Unterricht und Erziehung, das heißt auf das Leben des jungen Menschen hin orientiert sein, dann bedarf es einer neuen Gewichtung der verschiedenen Disziplinen. Das fachwissenschaftliche Studium kann nicht weiterhin der Schwerpunkt sein. Das soll nicht heißen, fachliche Kompetenz sei in Zukunft nicht mehr so wichtig. Wir meinen, sie muß mehr auf die Wirklichkeit bezogen sein. Das Zentrum der pädagogischen Tätigkeit ist aber der Mensch. Deshalb sollte eine Anthropologie, die zum Verstehen des Menschen, seiner Entwicklung, seiner vielfältigen Anlagen und Betätigungen anleitet, den neuen Schwerpunkt bilden. Und auf ihn sind die übrigen Disziplinen zu beziehen.

Es ist noch anzumerken: Nicht nur der Mensch ist Gegenstand des physiognomischen Erkennens, wie es hier gemeint ist, sondern auch das Tierreich und selbst bestimmte Aspekte der Pflanzenwelt und der Landschaft; vor allem aber auch das weite Gebiet der Kunst (bildende Kunst, Musik, Dichtung).

*

Die Frage nach der Wissenschaft betrifft sicher nur einen Teil dessen, was bei der Reform der Lehrerbildung in Betracht zu ziehen ist. Es gibt schwierigere Themen, zum Beispiel ästhetische Bildung, moralische Gesinnung, religiöse Orientierung des Lehrers. Die Formen des Erkennens sind aber etwas Fundamentales; denn die Anschauungen, die sich der künftige Lehrer über die Natur und den Menschen bildet, wirken in die anderen Bereiche hinein. Ohne eine Reform an dieser Stelle müssen die übrigen Reformkonzepte weitgehend wirkungslos bleiben.

Seit dem 17. Jahrhundert begegnet man dem Bestreben, die ganze Welt möglichst nach einer einzigen Methode zu erklären, zumeist nach der geistig anspruchslosesten, die das Komplizierte aus dem Einfachen, Elementaren ableiten möchte. Es mag eine intellektuelle Befriedigung bereiten, wenn man in dieser Weise Bilder konstruiert — kosmologische Hypothesen, Evolutionstheorien, Anschauungen über die genetische Verursachung von Moral, Erkenntnis usw. Man bemerkt nur nicht, wie hinter diesen Gespinsten des Verstandes die Wirklichkeit verschwindet. Die Suche nach einer Einheitswissenschaft führt in intellektuelle Scheinwelten und in geistige Verarmung. Das Interesse an der Wirklichkeit schwindet, vor allem der innere Impuls, sich mit ihr und ihren Rätseln zu befassen.

Es sollte nachdenklich stimmen, daß sich Menschen nach einer jahrelangen schulischen Bildung problemlos dem Einfluß der Medien ausliefern. Hat schulische Bildung unter anderem den Erfolg, daß man sich in eine Flut von Bildern stürzt, deren Inhalt zum Teil an Schwachsinn grenzt, und daß geistiges Interesse durch eine prickelnde Würze aus Unheimlichem, Brutalem und Sexuellem ersetzt wird? Es wäre manch anderes zu erwähnen, zum Beispiel die Galerie der neuen Helden und Idole, die durch Leistungen im Bereich des Banalen eine Aura des Bedeutenden bekommen, weil man vergessen hat, was wirklich bedeutend ist. Bei einer Reform der Lehrerbildung hätte man darüber nachzudenken, was in der Schule zu geschehen hat, damit ihre Absolventen nicht orientierungs- und gedankenlos allen möglichen Verführungen erliegen.

In dem jüngsten Buch von Neil Postman steht der Satz: «Ohne Sinn sind die Schulen Häuser der Leere» (Postman 1997, S. 20), das heißt Gebäude, in denen ein Aufenthalt höchst unergiebig ist. Mit *Sinn* meint Postman innere Ziele, nicht äußere Zwecke. Was in der Schule geschieht, hat letztlich nur dann für den Menschen Bedeutung, wenn es auf übergreifende Ziele, auf Ideale hin ausgerichtet ist. Ein solches Ziel kann alles sein, was in dem jungen Menschen die Fähigkeit des Erlebens erweitert und vertieft. Durch diese Fähigkeit bekommen die Tatsachen und Begegnungen eine persönliche Bedeutung, sie erwecken Anteilnahme und Interesse. Ein weiteres Ziel wäre ein engagiertes Denken, das sich bemüht, das Erlebte geistig zu durchdringen. Das ist aber ein Denken, das sich, frei von den Herrschaftsattitüden einer immer gleichartigen Erklärungsstrategie, auf die Dinge einläßt – das sich so vielseitig bestätigt, wie die Welt in ihrem Reichtum vielschichtig ist.

Damit diese Ziele, die Garanten geistiger Lebendigkeit und Selbständigkeit, das seelische und geistige Klima der Schule bestimmen können, müssen sie zuvor zu Richtlinien der Lehrerbildung werden.

75

Peter Buck

Erste Aufwachprozesse

Ergänzende Hinweise aus einem
fachdidaktischen Umkreis

1. Aller Anfang ist unscheinbar

Ernst-Michael Kranich spricht in seinem Beitrag von Erwei-
terungen des Fachstudiums, und zwar in zwei Richtungen: in
die Richtung des wahrnehmenden Auffassens und in die des
gedanklichen Verarbeitens. Er verweist darauf, daß solche Er-
weiterungen hie und da zwar gesucht werden, aber resümiert
nüchtern: «Von dem, was bei dieser Erweiterung bereits erreicht ist, ist in der an den Universitäten herrschenden Lehre
aber kaum etwas zu bemerken».

Dieses «hie und da», dieses «kaum» möchte ich in meinem
Beitrag – am Beispiel der Chemiedidaktik – genauer untersuchen. Es lohnt sich nämlich, so glaube ich, diese noch sehr
kleinen Pflänzchen, oft nicht mehr als eine Ahnung nur, diese
Keimlinge, so klein sie auch noch sind, denen man noch gar
nicht ansieht, welche Gestalt sie später annehmen werden,
doch schon zu beachten. Die von Kranich und Rumpf vorge-
brachten Anregungen zu einer anderen Akzentuierung fach-
wissenschaftlicher Aufmerksamkeit für künftige Lehrer werden
vor allem dort Nährboden und Beachtung finden, wo solche ersten Ansätze und Aufmerksamkeiten, wie ich sie im folgenden
beschreibe, zu finden sind.

Die moderne Naturwissenschaft selbst, deren vereinseitigte
Wahrnehmung und verarmende Wirkung Kranich und Rumpf
in den Blick nehmen, hat selbst klein und unscheinbar an-
gefangen – schwer zu datieren, wann genau. Aber Nikolaus von
Kues (1401–1464) können wir als einen solchen, sehr frühen Naturwissenschaftler im modernen Sinn ansehen. 1450, gut 200
Jahre bevor Robert Boyle seine für die Chemie maßgeblichen
naturwissenschaftliche Schriften publizierte, gut 300 Jahre vor

dem großen Lavoisier, veröffentlichte er ein kleines Bändchen *Der Laie über die Versuche mit der Waage* (Nikolaus v. Kues 1942). Maß, Zahl und Gewicht, Frequenz und Dichte werden zu ordnenden und diagnostischen Kriterien für Metalle und Steine, für Blut und Harn, für Krankheiten und Heilprozesse. Die Materialität sehr verschiedenartiger Stoffe als solcher kommt in den Blick. Mit einer neuen Unbefangenheit wird Äußerliches beobachtet, wird gemessen, die Meßwerte werden zu Beurteilungskriterien. Dieses Bändchen ist eine Randerscheinung in des Nikolaus von Kues Gesamtwerk, das sich unablässig darum dreht, wie Gott, der Unendliche, erfaßt werden könne. Aber es ist zugleich auch wegweisend für die am Horizont noch kaum erkennbaren modernen Naturwissenschaften. Heute verlaufen die kulturellen Entwicklungen, die Paradigmenwechsel schneller. Aber immer gibt es die kleinen Anfänge.

2. Fachdidaktiken – Zurichtungsagenturen für wissenschaftliche Inhalte oder emanzipierte Mitgestalter der zukünftigen Schule?

Es gibt gute Gründe, schreibt Horst Rumpf, die Lehrerbildung «insgesamt wissenschaftlich zu fassen». Skeptisch fragt er: doch durch welche Art von Wissenschaft? Nicht gegen die Wissenschaft an der Brandungslinie der wissenschaftlichen Forschung als solche spricht Rumpf, sondern gegen ihren unguten Aushärtungsprozeß zum betonharten und von Lehramtsstudierenden (und später von Schülerinnen und Schülern) unfermentierbaren Lehrbuchwissen.

Verstudieboeking nannten der Amsterdamer Chemiedidaktiker Henk ten Voorde und sein Doktorand Erich Joling (Joling u. a. 1990) diesen Prozeß: Auf dem Weg vom Schreibtisch oder Labor des Forschers zum Lehrbuch («studieboek») geraten, so die niederländischen Autoren, die typischen Metamorphosen aus dem Blick, die eine spezielle wissenschaftliche Antwort auf eine spezielle wissenschaftliche Frage durchmachen:

- Zunächst werden «Fakten gemacht» – die Autoren betonen: *gemacht*.
- Dabei tritt meist eine Änderung des Wortgebrauchs ein:

Der alte Kontext (Wortgebrauch der Hypothese) wandelt sich in einen neuen Kontext (Wortgebrauch des Ergebnisses).

• Eine Unterscheidung unterbleibt zumeist. Die Wandlung wird nicht erkannt.

• Das Vermischen der Kontexte wird zum Medium der Verallgemeinerung, auch wenn eine solche weder intendiert noch zulässig ist.

Insbesondere werden so aus Hypothesen Fakten, verlieren die Prämissen ihre Hinterfragbarkeit und werden Argumentationsstränge unüberprüfbar.

Immer wieder ist auf diesen Prozeß hingewiesen worden: Rumpf verweist auf Uwe Pörksen (Pörksen 1997), der ein Werk Ludwig Flecks (aus den 30er Jahren: Fleck 1980) in den Horizont rückte. Der merkwürdige Aushärtungsprozeß von Forschungsresultaten ist auch Thomas Kuhns Thema gewesen (Kuhn 1973). – Ich nenne diese Namen unterschiedlicher Provenienz, um auf das Problembewußtsein zu verweisen, das bei vielen vorliegt. An diesem «Verstudieboeking»-Prozeß sind zahlreiche Fachdidaktiker beteiligt. Andere, als einer der ersten zum Beispiel Wagenschein, haben vor ihm ausdrücklich gewarnt.

Eng verknüpft mit dem Ziel, die Lehrerbildung insgesamt wissenschaftlich zu fassen, ist und war, so schildert es Horst Rumpf, ein Begründungsstrang für die Einrichtung der Fachdidaktiken – keineswegs nur für die Naturwissenschaften, damals in den 60er und 70er Jahren – an deutschen (und europäischen) Universitäten: Arbeitsteilung sei notwendig einerseits in einen Arbeitsbereich, in dem Wissenschaft produziert wird («Fachwissenschaften» genannt), und andererseits einen Arbeitsbereich, in dem dieses Wissen didaktisch «transformiert» wird («Fachdidaktiken» genannt), unterteilt. In aller Regel ging man damals davon aus, daß *verschiedene* Personen diese Aufgabenbereiche übernehmen sollten. Es sei als notwendig angesehen worden, «nachhaltig ausgebaute *Agenturen*» einzurichten (nämlich Fachdidaktik-Abteilungen und Studienseminare), die dafür «verantwortlich [seien], daß das an Universitäten und Forschungsstätten zutage geförderte Wissen auch angemessen [in den Schulen] ‹rüberkommt›, in nicht verfälschender Vereinfachung ... und unter Zuhilfenahme der Entwicklungs-, Lern-, Motivations- und Denkpsychologie. Was in diesen Agenturen betrieben wird, wurde zuweilen auch als ‹Vermittlungswissenschaft› tituliert, man spricht auch von ‹Praxisstudien›.»

Es gibt viele Belege dafür, daß die Inhaber der neu eingerichteten fachdidaktischen Lehrstühle in großer Mehrheit ihre Aufgaben in der Tat so sahen und immer noch so sehen, wie Rumpf sie charakterisiert: Ende 1988 bat die Fachgruppe Chemieunterricht der Gesellschaft deutscher Chemiker 14 führende Fachdidaktiker, «wesentliche Aufgaben und Forschungsrichtungen der Chemiedidaktik für die Zukunft», das heißt für die 90er Jahre, «zu verdeutlichen» (GDCh 1989). Nur drei von diesen 14 Chemiedidaktikern wollten auf mehr hinaus als auf «Vermittlungswissenschaft» und «Praxisstudien». Einer dieser drei, Altfrid Gramm, plädierte für eine «entscheidende Akzentverschiebung»: «Frage und Antwort, Problem und Problemlösung, der Prozeß, den der Lernende in Gang bringt, wird für den Unterricht tragend.» (GDCh 1989, S. 23)

Drei Jahre später, beim «ersten gesamtdeutschen Sommersymposium» in Dortmund, bei dem west- und ostdeutsche Chemiedidaktiker sich vorgenommen hatten, «Grundlinien deutscher Chemiedidaktik» zu skizzieren, bringt er nochmals sein Plädoyer für diese Akzentverschiebung vor, sehr zaghaft und in konventionelle Schemata verpackt, eben die Schemata der «Vermittlungswissenschaft» und «Praxisstudien»:

Meine Grundthese lautet: Chemiedidaktik ist die Wissenschaft, die sich der Aufgabe stellen muß, die kommunikativen Prozesse zwischen chemischen Experten und chemischen Laien zu beschreiben, auf ihre Bedingungen zu untersuchen und Möglichkeiten anzubieten, daß solche Prozesse so gestaltet und strukturiert werden können, daß die Kommunikation erfolgreich abläuft. Kurz gesagt: *Chemiedidaktik soll Chemie verstehbar machen.*

Mancher von Ihnen wird dieser These mit großer Skepsis

begegnen: Sind wir doch gewohnt, Chemiedidaktik *viel enger* zu sehen. Sie hat vor allem (und einzig) mit Lernen zu tun, und hier insbesondere mit schulischem Lernen: Sie hat Ziele, Methoden, Inhalte und Medien in ihrer wechselseitigen Abhängigkeit für den Chemieunterricht darzustellen und Konsequenzen für das Lehrerhandeln aufzuzeigen. Lernen wird hier verstanden als ein Tradieren von chemischen Inhalten ... Auf diese Weise kommen wir immer wieder in das gleiche Dilemma: Chemiedidaktik beschäftigt sich mit der Vereinfachung des chemischen Begriffssystems in der guten Absicht, den in ihrer Abstraktionsfähigkeit in Abhängigkeit von der kognitiven Entwicklung noch nicht weit genug gekommenen Jugendlichen Fragen und Antworten aufzudrängen. (Hervorhebungen, P.B.) (Just und Schmidt 1992, S. 272)

Und die ostdeutschen Kollegen: Bereits im Namen «Chemiemethodik», der in der DDR statt «Chemiedidaktik» gebräuchlich war, kommt zum Ausdruck: Es war gar nichts anderes beabsichtigt (und zugelassen) als «Vermittlungswissenschaft».

Mittlerweile ist aber doch Bewegung in die festgefügten Ansichten gekommen: Ich will einige herausragende Beispiele nennen:

- Joan Solomon, mit tonangebend in der englischen Naturwissenschaftsdidaktik, wies in ihrem Hauptreferat über die Entwicklungstendenzen der europäischen Naturwissenschaftsdidaktiken auf der ESERA-Konferenz in Rom am 5. Sept. 1997 ausdrücklich auf den *Wandel von* einem der *Aufklärung* («Enlightenment») verpflichteten naturwissenschaftlichen Unterricht («Education of Science») zu einem *postmodernen* naturwissenschaftlichen Unterricht («Education for the Popularisation of Science») hin: Haltungen («Attitudes») seien ebenso wichtig geworden wie das Kognitive. Objektivität und Allgemeingültigkeit («Context independent, international») sei einem Bewußtsein für lokale und situative («local und context dependent») Gegebenheiten gewichen, und Parteilichkeit («partisan») sei zugelassen in einer demokratischen Streitkultur («contested»). Naturwissenschaftlicher Unterricht in der Schule sei nicht so sehr Lehrlingszeit für das Hochschulstudium («apprenticeship for research»), sondern diene der politischen Bildung:

> ### Education of Science
> ### The Enlightenment Project
>
> Cognitive
> Context independent
> International
> Apprenticeship for research
>
> ### Education for the Popularisation of Science
> ### A Postmodern Objective
>
> Attitudinal and cognitive
> Local and context dependent
> Contested and partisan
> Apprenticeship for political activity

Tageslicht-Projektionsfolie aus dem Vortrag von J. Solomon

- Das Bewußtsein *Wir sind ja eigentlich gar nicht mehr der Aufklärung verpflichtet, sondern der Postmoderne,* auf das Solomon hinwies, ist auch im renommierten CDβ-Institut* der Universität Utrecht explizit artikuliert worden (van Berkel, de Vos u. Verdonk 1993). Die Chemiedidaktiker Berry van Berkel, Wobbe de Vos und Adrie Verdonk beklagen die unreflektierte Beibehaltung der klassischen Unterrichtstradition, die man lediglich mit immer neuen, «modernen» Unterrichtsthemen garniere: «Es ist wie ein alter wissenschaftlicher Weihnachtsbaum, der mit immer mehr neuen, gesellschaftlich relevanten Weihnachtskugeln überladen wird.» (Ebd., S. 229) Freilich machen van Berkel, de Vos

---

* Centrum voor Didaktiek van Wiskunde en Natuurwetenschappen (im Niederländischen β-wetenschappen genannt).

und Verdonk keine Vorschläge, was denn zu ändern sei. Vielmehr stehen sie auf dem Standpunkt, «um entkommen zu wollen, muß man erst feststellen, wem oder welcher Sache man entkommen will» (ebd.). – Das aber haben Rumpf und Kranich für ihre Person explizit formuliert und begründet.

- Im Rahmen der «Makro-Curriculum-Forschung» dieses Instituts wird in einem internationalen Projekt «Strukturen der Schulchemie» (vgl. von Berkel, de Vos u. Verdonk 1993) die Frage nach der *didaktisch* stringenten Begriffsstruktur der Chemie bearbeitet. Der Marburger Philosoph Peter Janich und seine Mitarbeiter sind der Frage nach einer *wissenschaftstheoretisch-philosophischen*, stringenten Begriffsstruktur der Chemie nachgegangen (Janich 1995) und haben dieses Problem schon frühzeitig (Janich 1981) auch als fachdidaktisches Problem gesehen. Nicht zuletzt diese Diskussion (gestützt durch eine zunehmende Akzeptanz des Konstruktivismus, auf den sich alle in dieser Aufzählung genannten Autoren von Joan Solomon bis Peter Janich in der einen oder anderen Ausprägung berufen) hat eine Diskussion darüber angestoßen, ob wir den gängigen naturwissenschaftlichen Unterricht nicht eigentlich einen *kultur*wissenschaftlichen Unterricht nennen müßten, weil das von Menschen gemachte Begriffssystem und die geschichtlich bedingte Denkweise der wirkliche Unterrichtsgegenstand des naturwissenschaftlichen Unterrichts sind/seien – und eben nicht der unmittelbare Prozeß der Naturerkenntnis (Buck 1995, Gramm u. Ruhmann 1996, CLIS 1987 u. a.).

- «Problems Caused by Suppressing of the Observer» – was man sich damit einhandelt, wenn man den Beobachter außen vor läßt –, so überschreibt Clive Sutton ein Kapitel seines Aufsatzes in dem von Robin Millar herausgegebenen Buch *Doing Science*, das von «Images of Science», Bildern* der Naturwissenschaften im naturwissenschaftlichen Unterricht, handelt (Millar 1989). Sutton ist wie Millar (kon-

---

* In *image* schwingt auch *Ansehen* mit.

struktivistischer) Naturwissenschaftsdidaktiker. Auch er sieht im Ausblenden des Beobachters eine Fehlentwicklung des naturwissenschaftlichen Unterrichts. Da diese Ausblendung schon seit Generationen fortdauert, wirkt sie sich zunehmend auch in der Lehrerbildung aus: Vorstellungen, die der Lehrer von der Genese einer wissenschaftlichen Erfahrung im Laufe seines Studiums bildet, sind bei Licht besehen verzerrt oder gar verfehlt. Seine Ausführungen führen bei ihm nicht zur Unterscheidung etwa zwischen «präziser» und «exakter» Begriffsbildung (Buck u. von Mackensen 1996, S. 166), aber sie zeigen Aufmerksamkeit für ein mit dem Objektivismus-Ideal in die Welt gesetztes Lern- und Erkenntnisproblem.

Unübersehbar also: Sowohl die Genese einer wissenschaftlichen «Tatsache» (Fleck 1980; Kuhn 1973; Joling u. a. 1990, Pörksen 1997) als auch ihre wissenschaftsdidaktische Handhabung (Solomon 1997, van Berkel, de Vos u. Verdonk 1993; Janich 1981, 1995) werden hinterfragt. Kulturalistische und konstruktivistische Relativierungen werden vorgebracht, und gesellschaftlicher Bezug wird eingefordert.

Auch die Diskussion um die Phänomenologie im Chemieunterricht ist seit einiger Zeit im Gang:

- Vielleicht seit meiner Unterscheidung in «präzise» und «exakte» Begriffsbildung (Buck 1990; Buck u. von Mackensen 1996), spätestens aber, seitdem Jens Soentgen in seiner chemiedidaktischen Staatsexamensarbeit (1993) bei Hans-Jürgen Bader die phänomenologische Analyse auch der sinnlichen Erfahrung mit den Stoffen zum «Hilfsmittel chemiedidaktischer Forschung» (Minssen 1994, S. 77) werden ließ, ist in der fachdidaktischen Zeitschrift *chimica didactica* immer wieder (unter anderem) auch die phänomenologische Erweiterung, die Kranich in diesem Buch beschreibt, thematisiert worden.
- Soentgen hat mittlerweile seine Dissertation bei Gernot Böhme abgeschlossen (Soentgen 1997), welche die Phänomenologie der Stoffe (neben den Dingen und «fraktalen

Gebilden») zum Thema hat. In der Zeitschrift *Neue Sammlung* hat er sich mit der goetheanischen Chemie befaßt und betont, wie wichtig es ist, «auch Schülerinnen und Schülern mit solchen Aspekten, die quer zu den konventionellen Weltbildern stehen, vertraut zu machen» (Soentgen 1996, S. 479).

Dies alles sind freilich erst *anfängliche* Lichtblicke und noch keine breit akzeptierten Anliegen. Immerhin und bemerkenswerterweise hat die Kommission zur Neuordnung der Lehrerbildung an Hessischen Hochschulen die Aufgabe der Fachdidaktik in der Lehrerbildung so formuliert:

> Ihre Aufgabe ist es, die Bedeutung der einzelnen Wissenschaftsinhalte für unser Weltverständnis zu klären, dazu auch Fachstrukturen zu vergleichen und Formen der Vermittlung für Lernende verschiedenen Alters und mit verschiedenen Voraussetzungen zu entwickeln. Dies sind umfangreiche Forschungs- und Ausbildungsaufgaben. (HMWK 1997, S. 84)

In ihrem Gutachten zur Neuordnung der Lehrerbildung empfiehlt die Kommission, zwischen «Wissenschaftsdidaktik» und «Fachdidaktik» zu unterscheiden, erstere auf Hochschullehre bezogen und ihre Wirkungen auf den Lehrerberuf mitreflektierend, letztere auf die Schule bezogen und diese in einem bildungstheoretischen Rahmen verankernd.

Dies aber ist, so scheint mir, genau die Aufgabe, der sich Kranich und Rumpf zugewandt haben.

TEIL II

Rahmentexte zur näheren Bestimmung

Horst Rumpf

Vorbemerkung: Wissenschaft in der Lehrerbildung?

In der aktuellen Debatte um die Reformbedürftigkeit der Lehrerbildung wird nicht nur ihre institutionelle Verankerung, sondern auch die Qualität ihrer nach wie vor geforderten Wissenschaftlichkeit thematisiert; entsprechend ist diese auch eines der Leitthemen von Heft 1/1998 der *Zeitschrift für Pädagogik* und wird vor allem in Andreas von Prondczynskys eindringlichem Aufsatz «Universität und Lehrerbildung» besprochen.

So überzeugend der Autor mit den leer gewordenen Formeln der «Legitimationsrhetorik» wissenschaftlicher Lehrerausbildung ins Gericht geht – von der zu leistenden «Integration und Verzahnung von Theorie und Praxis» und von der Forderung, komplexer werdende Anforderungen an den Lehrerberuf machten automatisch «mehr» Wissenschaft notwendig, bis hin zu den diffus abgegrenzten Signalwörtern von der «Berufsorientierung», der «Berufsbefähigung», der «Berufsfertigkeit» und der «Berufsqualifizierung» –, seine Abhandlung mündet in Fragen über Fragen: Was taugt die vom Wissenschaftsrat schier dogmatisch gesetzte Behauptung, Funktion des Wissenschaftsstudiums sei und bleibe sowohl für künftige Lehr-Praktiker als auch für künftige Wissenschaftsbetreiber «Bildung durch und an Wissenschaft» (von Prondczynsky 1998, S. 64). Man muß wohl, von dem zitierten Aufsatz angeregt, weiter fragen, ob das automatisch geht – oder ob es identifizierbare Züge einer Wissenschaftsübermittlung gibt, die «Bildung durch und an Wissenschaft» ermöglichen, und solche, die das erschweren oder gar verhindern.

Wenn von Prondczynsky eingangs feststellt, Kriterien für die erstrebenswerte Wissenschaftlichkeit der Lehrerausbildung und für ihre institutionelle Gestalt (innerhalb oder außerhalb von Universitäten) seien doch wohl nur auf der Entscheidungsgrundlage einer Theorie der Wissenschaft bzw. einer Theorie der Universität zu gewinnen – und wenn er fairerweise hinzufügt: «über die wir, soweit zu sehen ist, nicht verfügen» (ebd., S. 62) –, dann wird der unsichere Untergrund der gesamten Debatte deutlich. Von Prondczynsky sympathisiert mit Thesen des Abschlußberichts der Sachverständigenkommission «Lehrerausbildung des Landes Nordrhein-Westfalen» (Abschlußbericht 1996). Dort heißt es, die Professionalisierung in der Ausbildung müsse ... darauf gerichtet sein, «die Widersprüche und Spannungen auszuhalten, die aus der Differenz zwischen Wissenschaft und pädagogischer Praxis entstehen». Zu erlernen wäre nach von Prondczynsky «Ambivalenzkompetenz» (von Prondczynsky 1998, S. 78) als Aushalten der «Diskontinuität zweier verschiedener Rationalitätsformen», zumal die neuere Verwendungsforschung die «Differenz der Regeln zwischen der Produktion und dem Gebrauch des Wissens» offengelegt habe (ebd., S. 74). Die erwähnte Sachverständigenkommission unterscheidet «wissenschaftliches Wissen» von «Handlungswissen» (S. 76). Es ist freilich die Frage, ob die Forderung nach *Ambivalenzkompetenz* nicht auch in Gefahr ist, leerformelhaft zu erstarren, und ob die gewiß begründbare Unterscheidung zweier Rationalitätsformen nicht dann auch wieder zu einer Trennung führt, die Probleme eher zudeckt, statt sie aufzuklären und «Wissenschaft» zu immunisieren.

Schon auf dieser noch sehr abstrakten Ebene wäre jedenfalls zu fragen, ob es nicht sehr unterschiedliche Formen der *Produktion* und der *Mitteilung* von Wissen gibt, die ihrerseits sehr unterschiedliche Affinitäten zu bestimmten Formen des Handlungswissens von Lehrern in sich tragen. In Galileis Dialogen, in Freuds *Vorlesungen zur Einführung in die Psychoanalyse*, in der Art, wie der Historiker Franz Schnabel – weithin bekannt durch seine Deutsche Geschichte des 19. Jahrhunderts – Geschichte in Vorlesungen präsent werden läßt und abhandelt, liegen doch ohne Zweifel Präformationen des Wissens für Studierende vor, die nicht völlig zu trennen sind von dem Handlungswissen, das diese Studierenden realisieren werden, sollten sie die so studierten Inhalte einmal als Lehrer zu lehren haben.

Hier wären phänomennahe Beschreibungen und Unterscheidungen vonnöten, die im Abschnitt «Über Zugangsweisen zu unterschiedlichen Wissenschaftsgebieten» in einer ersten Annäherung auch sachspezifisch für verschiedene Lernbereiche skizziert werden. Vorstellungsnahe Beschreibungen fehlen infolge der gewählten Abstraktionshöhe bei von Prondczynsky wie in der gesamten Debatte, die dadurch merkwürdig entrückt-verschwommene und wirklichkeitsferne Züge gewinnt. Das gilt auch für den Einführungstext «Lehrerbildung – ein ungelöstes Problem», den Jürgen Oelkers zum Thementeil der genannten Ausgabe der *Zeitschrift für Pädagogik* verfaßt hat. In der gewiß fälligen Kritik am Allerweltsschlagwort vom «forschenden Lernen» schreibt Oelkers:

> Man kann jedes Forschungsprojekt in der Lehrerbildung rechtfertigen, solange «forschendes Lernen» wie eine legitimatorische Generalformel verwendet wird. Daraus folgt, daß die Problemspezifizierung das entscheidende Problem ist ... Alle Veränderungen müssen sich einer fortlaufenden Evaluation unterziehen. Nur wenn kontinuierlich mit vergleichbaren Instrumenten Daten über die Ausbildung erzeugt werden, kann es zu Qualitätsbeurteilungen kommen ... (Oelkers 1998, S. 5)

Dies sind programmatische Forderungen, die neue Fragen aufwerfen und die in recht einschüchternder Diktion nichts klären – sind sie nicht schon bedenklich lange charakteristisch für den Diskurs der Erziehungswissenschaft?

Die Forderung von Oelkers («Problemspezifizierung»), der Glaube von Mittelstraß (in seinem Aufsatz «Vom Elend der Hochschuldidaktik», der im folgenden Abschnitt näher erörtert wird) an die geheimnisvolle Einheit von Lehre und Forschung, die sich Tag für Tag im universitären Alltag verwirklicht (Mittelstraß 1998 c, S. 230), die These von Prondczynskys, aufs Erlernen von Ambivalenzkompetenz komme es an, um das Problem *Wissenschaftswissen – Handlungswissen in der Lehrerausbildung* zu bewältigen: diese drei hier skizzierten Positionen müssen doch eigentlich konkrete Erscheinungen vor Augen haben, Erscheinungen dessen, wie Wissenschaft in Forschung und Lehre konkret im Leben von Studierenden auftauchen und einwurzeln sollten. Leider verschweigen sie diese konkreten Vorstellungen; beim Leser bilden sich keine Imaginationen von Szenen und Handlungsfiguren, von Inhaltsmodellierungen.

Und der Verdacht läßt sich nicht unterdrücken, daß die Abstraktionshöhe dieser Debatte – sie scheint anschauliche Beispiele wie Verunreinigungen des reinen Gedankens zu scheuen – schuld ist an ihrer Unfruchtbarkeit und Folgenlosigkeit, die selbstredend wieder in abstraktester Form analysiert wird. Wer kann sich bei dieser Sprache noch etwas denken, was in Raum und Zeit zwischen Menschen an bestimmten Sachverhalten und Inhalten geschieht?

Man mag nicht ohne Neid an die Unbefangenheit erinnern, mit der John Dewey die Aufgabe des Lehrers umschrieb, der in einer bestimmten Art von Wissenschaft heimisch sein sollte, um Heranwachsende zu lehren und von ihnen zu lernen. Warum entsteht der Eindruck, daß in diesen wenigen Zeilen mehr über Wissenschaft und Lehrerbildung gesagt wird als in den vielen hundert Seiten der aktuelle Diskussionen, Gutachten, Denkschriften, Professionsbekundungen?

Für den geistig Regen gehen von der Natur und der Umwelt eine Unzahl verschiedenartiger feiner Reize aus, die ihn anspornen, weiter zu forschen. Wenn diese keimenden Kräfte nicht genützt werden, so kann es leicht geschehen, daß sie verkümmern und absterben oder an Intensität verlieren. Besonders das feine Empfinden für etwas, das fraglich und unsicher ist, wird leicht erstickt. In einige Menschen ist die geistige Neugierde so unstillbar, daß nichts sie zu entmutigen vermag, aber bei den meisten erlahmt sie und wird stumpf. Bacons Worte, daß wir wie die kleinen Kinder sein müssen, um in das Königreich der Wissenschaft eingelassen zu werden, soll uns sowohl an das neuen Eindrücken aufgeschlossene Staunen der Kinder erinnern wie auch an die Leichtigkeit, mit der diese Gabe wieder verloren geht. Bei

manchen macht sie Stumpfheit Platz oder leichtfertigem Ge-
schwätz. Viele entgehen diesem Übel nur, um sich hinter
einen starren Dogmatismus zu verschanzen, der dem geistigen Staunen nicht minder verhängnisvoll ist oder sie gehen
so sehr in Routine auf, daß sie neuen Tatsachen und Problemen unzugänglich werden ... Was die Neugierde betrifft,
so hat der Lehrer oft mehr zu lernen als zu lehren. Selten
kann er die hohe Mission erfüllen, den Funken zu entzünden. Seine Aufgabe ist vielmehr, die heilige Flamme des
Staunens, die schon glüht, zu beschützen und anzufachen.
Es ist auch in seine Hände gelegt, günstige Bedingungen für
das Gedeihen dieser Freude am Forschen herzustellen und
den jungen Menschen davor zu bewahren, daß ein Zuviel an
Eindrücken ihn für Neues unempfänglich macht, Routine
ihn abstumpft und dogmatische Lehren ihn verknöchern
oder daß er seine Kräfte planlos an nichtige Dinge vergeu-
det. (Dewey 1951, S. 35 f.)

Bei der ominösen Frage, was denn nun das Charakteristische
an dem sogenannten wissenschaftlichen Weltumgang sei,
könnte heute – in einem Zeitalter, in dem Wissen nicht selten
wie ein Konsumgut gestapelt und hastig verschlissen wird
(ganz als liege sein Sinn darin, irgendwelche Informations-
löcher schnell zuzuschütten) – in der Folge der Schule Deweys
der Akzent auf zwei Zügen liegen: erstens auf der Sorgsamkeit
der Betrachtung einer bestimmten Gegebenheit hier und jetzt,
was die Fähigkeit zum Innehalten und zum Verzicht auf den
schnellen Griff zum Vorwissen und zur Werkzeugkiste, womit
wir Alltagsprobleme bewältigen, voraussetzt. Zweitens auf der
Bereitschaft, das Unbekannte, das Mehrdeutige, das Wider-
sprüchliche und nicht zu den Erwartungen Passende, den
beunruhigenden Untergrund der Phänomene auszuhalten und
gewissermaßen zu Wort kommen zu lassen – und darauf, an seiner Aufhellung mit eigenen Kräften zu arbeiten, tastend, su-
chend, probierend. Ein wissenschaftlich gebildeter Lehrer – er
hätte in seinem Studium in seinen Fächern beides immer wieder geübt: Sorgsamkeit und Nachdenklichkeit, die sich Zeit las-

93

sen, wirklich einzudringen, und die dem geschwätzigen Bescheidwissen und dem ängstlichen Expertenglauben (dem «Hundeblick zum Mund des Professors», wie jemand gesagt hat) eine Absage erteilen. Wahrscheinlich liegt der Glaube von Mittelstraß an die «geheimnisvolle Einheit von Lehre und Forschung, die sich Tag um Tag im universitären Alltag verwirklicht», darin begründet, daß sich die Beunruhigung über die unbekannte oder unzulänglich erklärte Welt – an der sich jede Forschung entzündet – wie ein Sauerteig durchsetzen könnte in jede Lehrveranstaltung, auch wenn es um Materien geht, in der nicht unmittelbar Forschung betrieben wird. So weit entfernt ist diese Hoffnung nicht von dem Lehr-Bild des Pragmatikers Dewey und dem des Idealisten Wilhelm von Humboldt, der über die Wissenschaftsförmigkeit des Studierens sehr ähnlich dachte, wenn er schrieb:

> Es ist ferner eine Eigentümlichkeit der höheren wissenschaftliche Anstalten, daß sie die Wissenschaft immer als ein noch nicht ganz aufgelöstes Problem behandeln und daher immer im Forschen bleiben. Sobald man aufhört, eigentlich Wissenschaft zu suchen, oder sich einbildet, sie brauche nicht aus der Tiefe des Geistes heraus geschaffen, sondern könne durch Sammeln extensiv aneinandergereiht werden, so ist alles unwiederbringlich und auf ewig verloren. (Wilhelm von Humboldt 1810, S. 82–84)

Demnach läge die Lebendigkeit des Lehrers, die er sich durch den studierenden Umgang mit Wissenschaft zu eigen gemacht hätte, darin, in allem Wissen die Keime des Staunens, des Zweifels, der faszinierten Beunruhigung aufzuspüren und für andere spürbar zu machen. Das ist eine andere Fähigkeit als es die ist, anderswo erzeugtes, gesichtetes, für wichtig gehaltenes Wissen in attraktive Lernarrangements zu verpacken.

In den folgenden Rahmentexten wird versucht, die Art Wissenschaft, die den Intentionen dieser Überlegungen entsprechen könnte, an beispielbezogenen Exkursen anschaulicher werden zu lassen: Im Abschnitt «Zur weiteren Positionsbestimmung in aktuellen Diskussionen» geschieht dies in einigen weiteren Überlegungen zu exemplarischen Veröffentlichungen der aktuellen Lehrerbildungs- und Wissenschaftsdiskussion, in «Über Zugangsweisen zu unterschiedlichen Wissenschaftsgebieten» in Texten zur inhaltlichen und fachspezifischen Konkretisierung des angepeilten Bildes vom Lehren und Lernen und im Abschnitt «Zu einem neuen Bild von Unterricht und von der Tätigkeit des Lehrers» in Skizzen zur konkreten Gestalt einer Lehrpraxis im Umgang mit Wissenschaft, die nicht der Lebenswelt entfremdet. Die Überlegungen dieser Rahmentexte sind locker und ohne systematischen Anspruch aneinandergereiht.

Horst Rumpf

Zur weiteren Positionsbestimmung in aktuellen Diskussionen

(1) Notizen zur Wissenschaftsreflexion von Jürgen Mittelstraß

Der bekannte Wissenschaftsforscher Jürgen Mittelstraß befaßt sich in seinem schon 1989 und 1993 veröffentlichten und wieder 1998 in dem Band *Die Häuser des Wissens* abgedruckten Aufsatz «Forschung zwischen Wahrheit, Nutzen und Verantwortung» mit «der Erfahrung, daß der Fortschritt seine Subjekte zu verlieren droht» (Mittelstraß 1998 b, S. 72). Der von Technik und Wissenschaft durchherrschte Gesellschaftsapparat drohe sich die Menschen gefügig zu machen, ja «anzueignen». Dieses Mißverhältnis äußere sich auch darin, daß «mit der Unübersehbarkeit des Wissens seine zunehmende Unbeherrschbarkeit einhergeht. Und hier liegt dann die eigentliche Sorge begründet: nicht daß das Wissen wächst und unübersehbar wird, ist das Beunruhigende, Besorgniserregende, sondern unsere immer evidenter werdende Unfähigkeit, mit diesem Wissen vernünftig umzugehen.» (Ebd., S. 78)

Mittelstraß plädiert gegen den Rückzug in Irrationalismus und gegen die Abspaltung der Geisteswissenschaften in bloße «Entspannungswissenschaften». Er ficht mit guten Gründen dafür, daß die Probleme, die Rationalität und Wissenschaft gezeitigt haben, auch nur mit Mitteln der Rationalität, «mit unbedingtem Erkenntniswissen, ohne Wenn und Aber» (ebd., S. 82), anzugehen und womöglich zu lösen sind. Er schlägt interdisziplinäre Wege vor, Wissenschaftsfolgen mit gesellschaftlich gültigen Wertvorstellungen und ethischen Reflexionen in diskursive Beziehungen zu bringen.

Bemerkenswert scheint mir, daß der Autor – durch vielartige wissenschaftstheoretische Studien ausgewiesen – eine bestimmte Aufmerksamkeitsrichtung überhaupt nicht in Betracht zieht, wiewohl sie naheliegt: Es geht um die Frage, ob die Art der Wissensvermittlung und -aneignung, wie sie in einer Gesellschaft durch das Bildungswesen nun einmal gang und gäbe ist, nicht an der Schwächung der Subjekte, ihrer Vernunft und ihrer Orientierungskraft mitbeteiligt sein könnte. Mittelstraß zieht dies nicht in Betracht, obwohl es doch von Lichtenberg über Mach (s. unten) und bis Adorno eine recht intensive Reflexion über die Schäden gibt, die Schul- und Universitätsbelehrung der Vernunft und Erfahrungskraft von lernenden Anfängern zufügt – von Poppers vernichtender Schulkritik ganz zu schweigen. Aus jüngster Zeit mag man auf den informationsreichen und äußerst anschaulichen Aufsatz «Der fliehende Hund. Über Phänomenologie und das Leiden am chemischen Unterricht» des Chemikers Mins Minssen hinweisen (Minssen 1998/99).

Dieser blinde Fleck in der Wissenschaftsaufmerksamkeit von Mittelstraß ist um so auffälliger, als ihm bei der Betrachtung des Universitätsalltags durchaus auffällt, wie verwahrlost die Lehre ist und wie wenig sie unter denen, die hauptamtlich an der Universität tätig sind, geschätzt wird:

> Normalität ist leider häufig, wenn man sich in der Universität ohne großen Energieverlust durch seine Lehrveranstaltungen windet, mit Forschung entschuldigt, was ohnehin schlecht gerät, unter Selbstverwaltungsaufgaben stöhnt und diese gleichzeitig sucht, weil auch das die Lehre kleinhält und die Forschung nur allzuoft auch. (Mittelstraß 1998 b, S. 85)

Was liegt näher, als bei diesem unbefangenen Blick auf den Universitätsalltag die Frage zu stellen, was bei so lustlos transportierten Wissenschaftsinhalten in den Köpfen der Studierenden passiert, die ja zu einem nicht kleinen Teil einmal Lehrer werden – denen also die Aufgabe zukommen wird, das solcherart aufgefaßte Wissen ihrerseits weiterzugeben. Was liegt näher als die Vermutung, daß hier jedenfalls auch eine Wurzel der besorgt registrierten «Unfähigkeit, mit dem Wissen vernünftig umzugehen» (ebd., S. 78) liegt: etwa für auch die von Adorno mit

Entsetzen registrierte Neigung, aus Wissenschaft – entwickelt aus dem Wunsch nach Autonomie des Erkennenden – eine neue Quelle der Heteronomie werden zu lassen, in «einem Maße, das einen schaudert», und zwar quer durch Geistes-, Sozial- und Naturwissenschaften.

Ich kann mir diesen blinden Fleck bei Mittelstraß, der hier elementarste Reflexionen auf die Art, wie Wissenschaft in Köpfen und Herzen von Menschen entsteht und gewissermaßen «Fuß faßt», versäumt, eigentlich nur aus zwei Quellen erklären: einmal aus der in der deutschen Universität stammenden Tradition (die die Gymnasien bis heute nachhaltig mitprägt), die Reflexion auf subjektive Aneignungsprozesse als Psychologisierung, wenn nicht gar als Flucht vor dem harten Anspruch der Sache zu übergehen oder zur Seite zu schieben; zum zweiten daraus, daß gerade Mittelstraß – wenn man die Affektivität seiner Invektive gegen das, was er «Hochschuldidaktik» nennt («Vom Elend der Hochschuldidaktik», Mittelstraß 1998 c), erwägt – traumatische Erfahrungen mit einer technokratisch die Sache der Wissenschaft verstümmelnden Hochschuldidaktik gehabt haben muß. Es gehört schon ein ziemlich eingeschränkter Blick auf Lehren und Lernen dazu, einen Satz wie diesen zu riskieren: «Tatsächlich bedeutet Didaktisierung zwangsläufig Reglementierung und Verschulung.» (Mittelstraß 1998 c, S. 221). Leider setzt hier die von Mittelstraß so vehement geforderte Aktivierung von «unbedingtem Erkenntniswillen, von Rationalität ohne Wenn und Aber» (Mittelstraß 1998 b, S. 82) zugunsten eines undifferenzierten Stereotyps aus.

Ich füge ohne weiteren Kommentar drei Textstücke an, die immerhin andeuten, daß es auch Wissenschaftler gegeben hat und gibt, die in der Art, wie das Wissen der Wissenschaft in Universität und Schule unter die Leute gebracht wird, eine Wurzel dessen sehen, was Mittelstraß besorgt registriert: die Unfähigkeit, mit Wissen vernünftig umzugehen.

Es ist ein erbarmungswürdiger Unfug, wenn Volksschulbücher der Naturlehre gleich am Anfang das Newtonsche Trägheitsgesetz auf die Seite zaubern. So einfach war das

nicht, und so einfach geht es also auch heute im Kinde nicht.
(Ernst Mach; zit. bei Wagenschein 1959, S. 395)

Ich kenne nichts Schrecklicheres als die armen Menschen,
die zuviel gelernt haben. Statt des gesunden kräftigen Ur-
teils, welches sich vielleicht eingestellt hätte, wenn sie nichts
gelernt hätten, schleichen ihre Gedanken ängstlich und hyp-
notisch einigen Worten, Sätzen und Formeln nach, immer auf
denselben Wegen. Was sie besitzen ist ein Spinnennetz von
Gedanken, zu schwach, darauf zu stützen, aber kompliziert
genug, um zu verwirren ... Ich wäre zufrieden, wenn jeder
Jüngling einige wenige mathematische oder naturwissenschaftliche Entdeckungen sozusagen miterlebt und ihre weiteren Konsequenzen verfolgt hätte. (Ernst Mach; zit. bei Wagenschein 1958, S. 8)

Unterdessen nötigen die Schulen allen Schülern, außer denen der Elementarklassen, «wissenschaftliche Pflichtfächer»
auf, in denen die Bemühungen bei drei Vierteln ihrer Opfer
so gut wie verschwendet sind. Sie verlassen Schule und Col-
lege und erinnern sich − wenn sie «Wissenschaft» hören −
nur an Langeweile und Schwierigkeiten. Der einzige Vorteil,
den der Zwang, die Elemente einer oder zweier Wissenschaften zu erlernen, mit sich bringt, ist der, daß der künftige junge
Wissenschaftler so die ersten Schritte auf seinem Wege geführt wird und daß vielleicht ein paar Schüler rekrutiert werden, die vorher nicht gedacht hatten, daß sie für einen wissenschaftlichen Beruf geeignet sein könnten.
Kurz: man kann sagen, daß die westliche Gesellschaft gegen-
wärtig die Wissenschaft beherbergt wie einen fremden,
mächtigen und geheimnisvollen Gott. Unser Leben wird von
seinen Werken verändert; aber die Bevölkerung des Westens
ist von einem Verständnis dieser seltsamen Macht wohl
ebensoweit entfernt, wie ein Bauer in einem abgelegenen
mittelalterlichen Dorf es von einem Verständnis der Theo-
logie des Thomas von Aquin gewesen ist. (Barzun 1968,
S. 10)

Im übrigen ist der Zweifel von Mittelstraß an einer terminologisch unerträglich aufgeblasenen Wissenschaftsdidaktik als Reparaturwerkstatt der Lehre in einer Massenuniversität durchaus begründet. Über den forcierten Stufungs-, Kontroll- und Vermittlungstätigkeiten, die sich mit heruntergekommener Didaktik garnieren, droht die Sache, die zu vermitteln wäre, zu verschwinden.

Freilich: Mittelstraß gibt sich als bekennend Gläubiger (Mittelstraß 1998 c, S. 229), wenn er daran festhält, daß die lebendige Wissenschaft (heutiger Erscheinungsform?) aus eigener Kraft Forschungsprozesse und Vermittlungsprozesse produktiv zu vereinigen imstande sei – kraft einer «geheimnisvollen Einheit von Forschung und Lehre, die sich Tag für Tag im universitären Alltag verwirklicht» (ebd., S. 230). Ein Glaube, der leider dazu führt, daß die scharfen Fragen (die zurecht an arrogante Wissenschaftsdidaktik gestellt werden) nicht auch an die Adresse dieser geglaubten Wissenschaftslebendigkeit gerichtet werden. Die «geheimnisvolle Einheit»: eine merkwürdige Glaubensgröße in einer Abhandlung, die sich nicht genugtun kann, «Klarheit, Nachprüfbarkeit und Begründungspflicht» (ebd., S. 228) als zu fordernde Prinzipien der Wissenschaftlichkeit auch im anstehenden Problemkreis zu fordern und zu preisen...

(2) Zum Gutachten zur Neuordnung der Lehrerausbildung an Hessischen Hochschulen

Das vorliegende Gutachten (HMWK 1997)* repräsentiert den neueren Stand der Diskussion um die Lehrerbildung; es berücksichtigt Forschungsbefunde und Erfahrungen und empfiehlt konkrete Schritte, um die lähmenden Klüfte zwischen verschiedenen Fächern, Institutionen, Praxisfeldern zu über-

---

* Hessisches Ministerium für Wissenschaft und Kunst – HMWK: Kommission zur Neuordnung der Lehrerausbildung an Hessischen Hochschulen: Neuordnung der Lehrerausbildung. 1997

winden. Selbstredend finden sich auch auf diesen 150 Seiten Überlegungen dazu, was fachwissenschaftliche Studien künftigen Lehrern bringen sollten und könnten. Der Text der Kommission – dem Züge eines Kompromisses deutlich anzumerken sind – weicht letztlich der Frage aus, welche Art von Wissenschaft der Lehrer braucht. Sie stellt sich nicht der unbequemen Frage, ob es Gestalten und Einflußformen von Fachwissenschaften geben kann, die nicht nur einfach neutral zum Beruf des Lehrers stehen, sondern die den Lehrer in seiner Sensibilität und Sympathie für anfängliches Staunen, Zweifeln, Suchen schwer beschädigen könnten. Statt dessen nimmt die Kommission Zuflucht zu einem additiven Denkbild: Hier die weitgehend unangefochten hinzunehmende Fachwissenschaft, die zu studieren künftigen Lehrern in recht unverbindlichen Wendungen vorgezeichnet wird: «Wie in Abschnitt 2.3. dargestellt, ist für jeden Lehrer und jede Lehrerin eine in die Tiefe gehende wissenschaftliche Ausbildung zentral.» (Ebd., S. 85) Welche Art von Tiefe hier gemeint sein könnte, bleibt dunkel; der Deutungsspielraum für jeden Vertreter einer Fachwissenschaft bleibt weit. Leider tritt an die Stelle einer Konkretisierung die landläufige, ministeriellen Richtlinien oft eigene Unverbindlichkeit, wenn zu lesen ist:

> Die gründliche Einarbeitung in eine wissenschaftliche Disziplin darf allerdings nicht ausschließlich diese zweckfreie Seite und insofern Eigenlogik der Fachwissenschaft umfassen. Das Engagement im Fach ... kann und sollte sich auch auf berufsbezogene Aspekte der Fachwissenschaft richten ... und «Bildung» durch Wissenschaft ermöglichen. (Ebd., S. 80)

Abgesehen von der fragwürdigen sprachlichen Qualität («kann und sollte», «die zweckfreie Seite und Eigenlogik»!) dieser Äußerung – die überanstrengte Diktion ist ein Anzeichen dafür, daß ein Problem nicht bearbeitet, sondern in eine Sollforderung verschoben wird: worin Bildungsrichtlinien, wie dokumentiert, ja eine traurige Meisterschaft besitzen. Als ob eine Prise Berufsreflexion hinreichen könnte, aus harten Wissenschaftsstudien Bildungswirkungen hervorzuzaubern!

Neben der «in die Tiefe gehenden wissenschaftlichen Ausbildung» im Fach wird die Fachdidaktik postiert: Sie hat die Aufgabe, die von sich aus wohl als bildungsneutral angesehene Fachwissenschaft in existenzbedeutsame Erfahrungen und Haltungen zu transformieren:

> Das universitär vermittelte Wissenschaftswissen muß für die jeweilige Schülergruppe erst zum Bildungswissen werden, und das heißt, es muß sich ihr – den Voraussetzungen gemäß – in der Vielfalt seiner sinnlich-praktischen Erfahrungs- und Handlungsmöglichkeiten im Horizont der jeweiligen Lernenden und ihrer Lebenssituation erst erschließen. Die Fachdidaktiken haben die Aufgabe die bildenden, d.h. die erfahrungs- und welterschließenden Momente des wissenschaftlichen Fachwissens aufzuspüren und schulstufenspezifisch unterrichtliche Darstellungs- und Bearbeitungsformen zu erkunden ... (S. 84 f.)

Damit ist die Frage nach charakteristischen Zügen der Fachwissenschaft, die dem Lehrer helfen (oder die ihn lähmen), durch eine Sollforderung an die Fachdidaktiker umgangen und ersetzt. Dem heiklen Gedanken, daß Fachwissenschaften der Reflexion über das bedürfen, was sie in ihrer Forschungsfixiertheit den Anfängern und Studierenden antun – was vielleicht Adorno sah, wenn er experten- und literaturgläubige Studierende in eine neue Heteronomie schlittern sah –, diesem heiklen Gedanken wird kein Raum gegeben. Eine neue Fachdisziplin, die Fachdidaktik, wird hinzuaddiert.

Ob sie die Verwirrung der Studierenden noch weiter steigern wird, diese für jeden, der die Studienwoche von Studierenden von innen kennt, unabweisbare Frage kann gar nicht aufkommen bei diesen einschüchternden Idealen. Was dann im Empfehlungsteil des Gutachtens an die Adresse der Verantwortlichen für die fachwissenschaftlichen Studien formuliert wird, bleibt Aufgabenbeschreibung in dem unnachahmlichen

Sprachgemisch von verblaßter Erziehungswissenschaft und Äußerungsformen der Bildungsverwaltung:

> Eine studienzielorientierte, d. h. dem Lehrerberuf angemessene und zugleich exemplarisch-vertiefende Stoffkonzentration und deren Ergebnisüberprüfung ist Aufgabe jedes einzelnen Hochschullehrenden in seinen Veranstaltungen, aber auch Aufgabe einer Neuformulierung der Prüfungs- und Studienordnungen und ihrer Umsetzung und Evaluation. (S. 127)

Als hätten wir der Aufgabenbeschreibungen dieser Art nicht schon übergenug! Sie werden niemand kümmern.

(3) Zu Hermann Giesecke: *Wozu ist die Schule da?*

Gieseckes Kritik an der Überlastung der Schule mit sozialpädagogischen bis therapeutischen Aufgaben hat manches für sich. Die zentrale Aufgabe der Schule ist für ihn Horizonterweiterung von jungen Menschen durch sachbezogenen Unterricht. In dieser allgemeinen Form ist das auch von den Grundthesen der hier vorgelegten Position aus akzeptabel. Giesecke plädiert für einen «normalen Unterricht» und übernimmt dabei die seit Jahrzehnten unangefochtene Forderung, Schule habe «wissenschaftsorientierten Unterricht» zu bieten (Giesecke 1995, S. 222). Wissenschaft gilt ihm als einzige in einer pluralistischen und von Wissenschaft geprägten Zivilisation mögliche Form und Legitimationsquelle von Unterricht.

Freilich: Worin denn nun im besonderen die Wissenschaftshaltigkeit von Unterricht und der ihm vorausgehenden Lehrerbildung bestehen soll − welche Akte der Wahrnehmung, der Aufmerksamkeit, des Denkens, der Symbolisierung ins Spiel der Sachauseinandersetzung kommen sollen; welche Sinnlichkeit, welche Subjektivität wie und wann zum Zug kommen darf, wenn es um Wissenschaftsorientierung geht −, solche und ähnliche Fragen bleiben unbelichtet und unbearbeitet. An ihnen aber entscheidet sich konkret alles. Ohne ihre Bearbeitung droht die Forderung nach Wiedergewinnung des Unterrichts als Schulaufgabe allzu pauschal zu bleiben. Und sie kommt in die Gefahr, die Weitergabe verdinglichten und nur halb verstandenen Wissens im Sinn fataler Schultraditionen als Gegenschlag gegen Beliebigkeit und Verwahrlosung sachangemessenen Lernens hochzujubeln – eine blinde Reaktion auf mißratenen Fortschritt?

Horst Rumpf

Über Zugangsweisen zu unterschiedlichen Wissenschaftsgebieten (Beispiele und Anregungen)

(1) Aufmerksamwerden auf Sprache (in der Schule von Harald Weinrich)

Sprache macht sich im alltäglichen Gebrauch, auch der Wissenschaft, gewöhnlich unspürbar – sie verweist auf anderes. Sie wird gebraucht ähnlich wie Fensterglas. Sie hat durchsichtig zu sein.

Wie kann eine Aufmerksamkeit geweckt werden, die die Sprache selbst zu spüren und zu wägen beginnt? Die sich einübt in einen bewußten und nuancierten Gebrauch? Die sich überraschen läßt von der Art, wie Sprache imstande ist, durch Formulierungen die Welt in unterschiedlichem Licht zu zeigen und in gänzlich verschiedene Aggregatzustände zu versetzen? Kurz gesagt: Wie läßt sich lernen und lehren, Sprache nicht nur korrekt wie ein Instrument zu handhaben, sondern sie, empfindlich für ihre Fassens- und Konstruktionskraft, zu gebrauchen, sie aufzufassen? Gewiß nicht durch Einstudieren von Regeln, von Richtigkeiten, die einfach nur einzuprägen und abzuspulen wären.

Bei dem Sprach- und Literaturwissenschaftler Harald Weinrich (vgl. Weinrich 1985) finden sich viele Anregungen, aus dem Sprachunterricht etwas zu machen, was die Imagination herausfordert – anstelle der hinzunehmenden Informationen. Zugleich gibt er Beispiele, wie eine zugespitzte sprachwissenschaftlich-linguistische Kompetenz die Empfindlichkeit für interessante Lernsituationen von Anfängern nicht abtötet, sondern hilft, sie zu wecken und stark zu machen.

Weinrich zitiert einen Text von Rudolf Otto Wiemer mit dem Titel «empfindungswörter» (Weinrich 1985, S. 238):

107

aha die deutschen
ei die deutschen
hurra die deutschen
pfui die deutschen
ach die deutschen
nanu die deutschen
oho die deutschen
hm die deutschen
nein die deutschen
ja ja die deutschen

Weinrichs Überlegung: Der Leser wird dessen gewahr, daß hier eine bestimmte Sorte von Wörtern aneinandergereiht wird – jeder Leser könnte weitermachen, spürt vielleicht das Bedürfnis, das Spiel fortzuführen: «So, die deutschen; tatsächlich, die deutschen; schon wieder die deutschen.» Er wittert also die Regel und das Prinzip, das die Auswahl der untereinanderstehenden Wortreihen bestimmt. Und diese Wahrnehmung wird gleichzeitig erschüttert und ein Stück weit aus der Bahn geworfen durch die Bedeutungen, die diese Reihe durchgeistern – «in wohldosierter Transitivität» (d.h. in einer wohldosierten Weise, die auf Sachzusammenhänge, über die rein formale Gemeinsamkeit der Sorte von Auftaktwörtern hinaus, verweist), wie Weinrich sagt (ebd., S. 237). Der Leser gerät in ein Widerspiel, das ihm das schnell Vertraute (das ist eine Serie von Wörtern bestimmten Typs – es kommt also allein auf den formalen Charakter dieser Auftaktwörter bzw. Interjektionen an, der Rest ist nur Füllsel) fremd und eine Spur unheimlich macht (das Füllsel ist nicht nur Füllsel – darin stecken Erfahrungen und Urteile über diese vielgesichtigen Deutschen).

Ganz ähnlich das Gedicht «unbestimmte zahlwörter», das Rudolf Otto Wiemer für den Fremdsprachenunterricht verfaßt hat:

alle haben gewußt
viele haben gewußt
manche haben gewußt

einige haben gewußt
ein paar haben gewußt
wenige haben gewußt
keiner hat gewußt

Über das Gedicht schreibt Weinrich: «Sein Reiz liegt in besonderem Maße darin, daß die grammatische Struktur des Textes mitsamt dem grammatischen Titel einerseits eine richtige und andererseits eine falsche Spur bezeichnet.» (Weinrich 1985, S. 253) Die richtige Spur: Hier werden tatsächlich unbestimmte Zahlwörter als Subjekte in kurzen Sätzen aneinandergereiht – als handle es sich um eine Art von Wortschatzübung; die falsche Spur: der Leser merkt (unter Rückgriff auf sein politisch-gesellschaftliches Alltagswissen), daß hier im Widerspiel zur Grammatikstruktur inhaltlich und unversehens von etwas ganz anderem als von Grammatik und von Zahlwörteraufreihung die Rede ist. Dieses Widerspiel schafft einen Zwischenraum, es zieht dem Leser den festen Boden des unangefochtenen und sicheren Verstehens unter den Füßen weg: «Die poetische Leerstelle dieses Gedichts ist ein Vakuum.» (Ebd., S. 353) Und das Vakuum saugt Erinnerungen, Gedanken, Bilder, Zweifel an...

Aufmerksamkeit auf Sprache entsteht gerade, weil sie ihre korrekt zu lernende und nur hinzunehmende Einsinnigkeit verliert und der Leser in eine Schwebe zwischen der formalen Gestalt (des Signifikanten) und dem vieldeutig schillernden Gehalt (des Signifikats) gebracht wird: und damit in eine exemplarische Situation des Sprachlernens.

Ein letztes Beispiel Weinrichs; er berichtet von einem Unterrichtsversuch, bei dem indonesischen Sprachschülern ein deutscher Text vorgelegt wurde:

Die erste Aufgabe bestand darin, daß jeder Kursteilnehmer nach seiner eigenen Wahl einen Satz dieses Textes zu streichen hatte. Es wird glaubhaft versichert, daß diese Aufgabe zu einer Explosion des Interesses geführt hat, wobei es gewiß einerseits um die mit dem Text bezeichnete Sache, eine Hotelszene, ging, andererseits aber auch um die sprachliche Form des Textes, der ja durch den verlangten Eingriff in seine glatte Gestalt in spielerischer Weise verfügbar geworden ist, da er nun «zu denken übrigläßt». (Weinrich 1985, S. 234)

Eine Übung, keineswegs nur fruchtbar für den Fremdsprachenunterricht: Ein gegebenes Textstück (sei es literarisch, essayistisch, informationsvermittelnd, werbend) durch gezieltes Wegnehmen von einem oder zwei Sätzen in eine bestimmte Richtung verändern und die Wirkung der entstandenen Lücke(n) beim Leser erwägen, vermuten, vorwegnehmen. Aus einem Werbetext kann eine Art Gedicht werden – mit «poetischen Leerstellen». Aus der nur hinzunehmenden sprachlichen Gestalt wird ein Material, das vielfältige Nuancen freigibt, wenn es bewußt beschnitten wird – Verfremdung durch gezielte Fragmentierung, durch das Schaffen unausgefüllter Zwischenräume. Der Sprache wird gewissermaßen «die Haut des Selbstverständlichen» abgezogen, der Lernende nimmt sie neu wahr, im Wechselspiel zwischen Gestalt und Bedeutung. Imagination wird angesogen, man spürt, hört und spricht unversehens sorgsamer. Was Weinrich – in einem Aufsatz über «die Langeweile des Sprachunterrichts» – über den Sprachunterricht zu sagen hat, wäre auch als Elixier der Art von Wissenschaft anzumahnen, die den künftigen Lehrer bei seiner Ausbildung inspirieren könnte, wenn er denn einmal etwas anderes betreiben soll als korrekt-effiziente Weitergabe von Wissenschaftsbefunden:

Denn die Information muß auf jeder Stufe des Unterrichts der Imagination und dem Interesse als höherrangigen Prinzipien untergeordnet werden. Imagination und Interesse aber werden durch eine gewisse Dosis Fremdheit nicht etwa beeinträchtigt, sondern begünstigt. Denn Fremdheit, aber eine wohldosierte Fremdheit, eröffnet, wie wir gesehen haben, die Chance einer verlangsamten und eben durch die Verlangsamung vertieften und intensivierten Wahrnehmung ... Da die Aufhebung aller Fremdheit ... ohnehin erst am Ende,

am idealen und vielleicht nie ganz erreichten Ende des Lern-
prozesses steht, scheint es mir ein Gebot realistischer Didaktik zu sein, auf dem langen Weg dahin mit der Fremdheit zu
paktieren und aus ihr, solange sie besteht, alle Vorteile zu
ziehen, die dieser interessante Zustand seinen Liebhabern
freigebig gewährt. (Weinrich 1985, S. 241)

(2) Hinschauen lernen ist schwer (im Anschluß an Ezra Pound)

Das sorgsame Hinschauen und das darauf aufbauende Beschreiben dessen, was an Tatbeständen den Sinnen vorliegt,
was an sprachlichen und anderen symbolischen Niederschlägen menschlicher Praxis begegnet, diese Urtätigkeiten
wissenschaftlicher Weltzuwendung sind immer wieder dem
Sog zum vorschnellen Bescheidwissen, Einordnen, Erklären,
Beurteilen abzuringen. So verbreitet in Hochschule wie Schule
die Klagen sind, daß diese Wahrnehmungskräfte wenig geübt
würden und infolgedessen «vom Aussterben bedroht» seien –
der Überdruck des verfügbaren Wissens lähmt sie –, so selten
sind konkrete und anregende Hinweise, wie denn eine Lehrpraxis aussehen könnte, die imstande wäre, diesen Wurzel-
bereich jeder Wissenschaft und jeder Lehre zu kultivieren. Die
bitteren Diagnosen von Nietzsche über die Wurzellosigkeit
akademisch aufgezwungenen Wissens (man vergleiche den 7.
und 10. Abschnitt der zweiten der Unzeitgemäßen Betrachtungen von 1974; Nietzsche 1988, S. 299–302 u. 328 f.) und
von Adorno über die neue wissenschaftsgläubige Heteronomie
des Denkens und Wissens* zielen beide auf das Schwinden der
Kraft und der Bereitschaft, hinzuschauen und den Krampf der
Einordnungssucht zu lösen. Beide Diagnosen lesen sich wie

---

* Vgl. meinen Aufsatz «Über das Staunen und anfängliche Aufmerksamkeiten» in diesem Band.

neuere Bestätigungen einer Sorge Goethes: Wissenschaft könne in voreiliger Erklärungs- und Wertungsbesessenheit den Kontakt zu den phänomenalen Gegebenheiten verlieren, die sie doch aufzuhellen beabsichtigt:

> Es ist eine schlimme Sache, die doch manchem Beobachter begegnet, mit einer Anschauung sogleich eine Folgerung zu verknüpfen und beide für gleich geltend zu achten. (Goethe, *Aus den Heften zur Naturwissenschaft*. Zweiten Bandes erstes Heft – 1823 – Älteres, beinahe Veraltetes; zit. b. Goethe 1981, hrsg. v. Horst Günther, S. 221)

> Theorien sind gewöhnlich Übereilungen eines ungeduldigen Verstandes, der die Phänomene gern los sein möchte, und an ihrer Stelle deswegen Bilder, Begriffe ja oft nur Worte einschiebt. Man ahnet, man sieht auch wohl, daß es nur ein Behelf ist; liebt sich nicht aber Leidenschaft und Parteigeist jederzeit Behelfe? Und mit Recht, da sie ihrer so sehr bedürfen. (Aus den Aphorismen; zit. b. Goethe 1977, hrsg. v. M. Böhler, S. 40)

Ezra Pound hat in diesem Jahrhundert die Gegenbewegung gegen die Verwahrlosung des Wahrnehmungsernstes – sei es gegenüber einem unscheinbaren Fisch, sei es gegenüber einer längst bekannten Homer-Passage – anschaulich und zu weiteren Erkundungen anregend formuliert:

> Keiner hat das Rüstzeug zu modernem Denken, der die Anekdote von Agassiz* und dem Fisch nicht begriffe:
> Ein Doktorand, mit Auszeichnungen und Diplomen versehen, kam zu Agassiz, sich den letzten Schliff geben zu lassen. Der große Mann reichte ihm einen kleinen Fisch und forderte ihn auf, den zu beschreiben.

---

* Agassiz, 1807–1873. Anatomischer Paläontologe, Höhlen- und Eiszeitforscher, gebürtiger Schweizer, lehrte an der Harvard University im Museum of Comparative Zoology.

Doktorand: «Das ist einfach ein Sonnenfisch.» Agassiz: «Das weiß ich. Beschreiben Sie ihn.» Nach wenigen Minuten kehrte der Student mit der Beschreibung des Ichthus Heliodiplodokus zurück, Familie des Heliichtherinkus, oder wie man sonst sagt, um den gemeinen Sonnenfisch dem allgemeinen Wissen vorzuenthalten, und wie man es eben in den einschlägigen Lehrbüchern findet. Agassiz trug dem Studenten von neuem auf, den Fisch zu beschreiben. Der Student verfertigte einen vier Seiten langen Aufsatz. Agassiz hieß ihn dann, sich den Fisch anzusehen. Drei Wochen später war der Fisch im fortgeschrittenen Stadium der Verwesung, aber der Student wußte etwas über ihn. (Pound 1962, S. 19)

Der unerfahrene Lehrer, dem vor seiner Unwissenheit bangt, scheut sich, sie zuzugeben. Vielleicht erlangt man diesen Mut erst, wenn man weiß, wie allgemein verbreitet Unwissenheit ist. Versuche, sie zu tarnen, sind auf die Dauer Zeitverschwendung.

Wenn der Lehrer langsam von Begriff ist, mag er wohl in tausend Ängsten vor Schülern schweben, deren Verstand sich rascher fortbewegt als der seine; aber er täte klüger daran, den rührigen Schüler zu Späherdiensten heranzuziehen, das lebhaftere Auge, das schärfere Ohr als Auslug oder Horchposten zu verwerten.

Der beste Musiker, den ich je kannte, gestand, daß die Zuverlässigkeit seines Gehörs zuweilen aussetzte. Aber er tat dies in der «moi aussi»-Form, nachdem ich selber ein Geständnis abgelegt hatte.

Wenn es ernstlich an die Betrachtung irgendeines Kunstwerks geht, sind unsere Sinne, unsere Gedächtnisleistungen oder unser Wahrnehmungsvermögen viel zu sehr Stückwerk, als daß sie uns etwas anderes erlaubten als gemeinsame Neugierde.

Kein Mensch kennt sich so gut in einer Textstelle aus, sagen wir mal zwischen Zeile 100 und 200 des sechsten Buches der Odyssee, daß er nicht zulernen könnte, wenn er sie mit seinen Schülern noch einmal liest, anstatt sie bloß vorzulesen. Wenn er Guidos «Donna mi priega» so genau kennt wie ich mittlerweile, das heißt mikroskopisch genau, kann ihm immer noch ein neues Licht aufgehen durch einen Kreuzverweis, einen Zusammenhang zwischen dem Gegenstand, den er immer und immer wieder untersucht hat, und einem anderen hohen Werk, ob ähnlich oder unähnlich.

Ich meine, der ideale Lehrer müßte jedes Meisterwerk, das er in der Klasse durchnimmt, beinahe angehen, als ob er es noch nie gesehen hätte. (Ebd., S. 109 f.)

Durch Abrüstung des theoretischen und methodischen «Waffenarsenals», das man in einer Wissenschaftseinführung den Anfängern nahezulegen pflegt, wäre vielleicht eine Spur des unbefangenen, fremden Blicks wiederzugewinnen, der wirklich hinschaut.

Wie kann das angeregt werden? Wie kann man in den Sog eines Textes kommen, gar in den Sog von ein paar Zeilen eines fast 3000 Jahre alten Textes – wenn man daran gewöhnt ist, Texte möglichst schnell zu überfliegen und auf ihren sogenannten Gehalt auszuwringen? Gewiß nicht durch den Befehl, genau hinzuschauen.

Der russische Kunstphilosoph Viktor Sklovskij hat gezeigt, wie Tolstoj Aufmerksamkeit hinsichtlich scheinbar alltäglich bekannter Begebenheiten weckt – davon kann Lehrkunst in Sachen Sprache und Literatur lernen: «Dinge, die man mehrere Male wahrnimmt, beginnt man durch Wiedererkennen wahrzunehmen; der Gegenstand befindet sich vor uns, wir wissen davon, aber wir sehen ihn nicht.» (Sklovskij 1971, S. 15) Gemeint ist, daß Vorwissen und Erinnerung die lebendige, überraschungsoffene Wahrnehmung des wirklichen Sehens verdrängt haben und aus lebensökonomischen Gründen überflüssig machen. Literatur, so Sklovskij, arbeitet an der Zersetzung des Gewohnheitsblicks, der schnell Bescheid weiß. Dem Literaturlehrer muß etwas einfallen, diese rasch wiedererkennende Einordnung zu bremsen, sie gewissermaßen auflaufen zu lassen. Sklovskij nennt das Verfahren «Verfremdung»:

Das Verfahren der Verfremdung bei L. Tolstoj besteht darin, daß er einen Gegenstand nicht mit Namen nennt, sondern ihn so beschreibt, als werde er zum ersten Mal gesehen, und einen Vorfall, als ob er sich zum ersten Mal ereigne, wobei er in der Beschreibung des Gegenstandes nicht die gebräuchlichen Bezeichnungen für seine Teile verwendet, sondern sie so benennt wie die entsprechenden Teile bei anderen Dingen. Ein Beispiel. In dem Artikel «Beschämend» verfremdet L. N. Tolstoj folgendermaßen den Begriff des Auspeitschens: «Menschen, die Gesetze übertreten haben, entblößen, auf den Boden werfen und mit Gerten auf das Gesäß schlagen. (Ebd., S. 18)

Vielartige Übungen zur literarischen Aufmerksamkeit lassen sich von der Idee solcher Verfremdung inspirieren: Man erzähle in knapper Inhaltsangabe die Szene im 19. Gesang der Odyssee, in der die alte Dienerin Eurykleia den heimgekehrten Odysseus, dessen Amme sie einst war, an einer Narbe am Schenkel, bei der Fußwaschung, wiedererkennt (vgl. die kurze Darstellung in Auerbach 1959, S. 6). Und man gebe den Auftrag an eine Lern- und Studiengruppe, dieses knappe Tatsachengerüst aus verschiedener Sicht zu einer Erzählung auszuarbeiten: aus der Sicht des Odysseus, der der Eurykleia, der eines unbeteiligten Beobachters. Man lasse die so entstandenen Textfassungen zunächst untereinander vergleichen – dann aber auch mit den authentischen Homerversen im 19. Gesang der Odyssee. Aus dem schnellen, informationsorientierten Lesen kann dann eine andere Aufmerksamkeit entstehen: ein Hinschauen, ein Gewärtigen. Beobachtungen im Sinn Pounds werden sich aufdrängen – in die Richtung, die Erich Auerbach in seinem für jede Literaturlehre nach wie vor unvergleichlich anregenden Buch *Mimesis* so umschreibt:

Klar umschrieben, hell und gleichmäßig belichtet, stehen und bewegen sich Menschen und Dinge innerhalb eines überschaubaren Raumes; und nicht minder klar, restlos ausgedrückt, auch im Affekt wohlgeordnet, sind die Gefühle und Gedanken. (Auerbach 1959, S. 5)

115

Keine Spannungsentwicklung, reine Anschauung im Jetzt der Gegenwart – wie gerät dem Autor diese Aufmerksamkeit?

Eine andere Variation der Verfremdung, von Auerbach souverän vorgeführt, liegt im Vergleich (etwa der Homer-Passage mit einer Passage aus dem Alten Testament: Beleuchten, Ausleuchten, Zeitdynamik, Stimmigkeit...). Dem Literaturwissenschaftler Volker Klotz verdanke ich den Hinweis auf ein anderes Verfahren, die schnelle Vertrautheit mit einer sprachlichen Formulierung zu zersetzen und auf das Gemeinte in seiner möglichen Vielfarbigkeit aufmerksam zu werden: «Der Herr ist mein Hirte, nichts kann mir fehlen» – dieser Psalm-Auftakt ist in neunfacher Betonungsvariante zu lesen, jeweils ein Wort wird besonders betont. Und es ergeben sich neun Bedeutungsvarianten.

Schließlich: Sabine Gross beschreibt in ihrer wichtigen Studie *Lese-Zeichen*, wie das literarische Lesen gegen die in der alltäglichen Weltwahrnehmung selbstverständliche Tendenz zur Desambiguierung – zum Schließen von Sinnlücken, zum Vervollständigen von Andeutungen, zum Eindeutigmachen des Mehrdeutigen – gewissermaßen anzulesen hat:

> ... eine Funktion von literarischem Lesen ist es, Mehdeutigkeiten zu betonen und sie LeserInnen bewußt zu machen; Ambiguitäten werden zum Kennzeichen des Textes erhoben, statt – wie in der Alltagskommunikation – einen Vertragsbruch darzustellen. So entautomatisiert und thematisiert der literarische Text Bewußtseinsvorgänge, die üblicherweise vorbewußt bleiben, und hebt sie ins Bewußtsein von Leserin oder Leser. (Gross 1994, S. 31)

Wie der Verstehensablauf der fortlaufenden Bedeutungszuweisung ins Stocken gerät, zeigt Gross im Detail an einem Brecht-Gedicht aus der *Deutschen Kriegsfibel II* – ein Text, der sich der raschen Einordnung in aufschlußreicher Weise widersetzt:

> Es ist Nacht
> Die Ehepaare

Legen sich in die Betten. Die jungen Frauen
Werden Waisen gebären.
(Brecht 1981, S. 735; vgl. Gross 1994, S. 32)

(3) Wissen, das aus erfahrbar gewordener Beunruhigung entsteht (Dewey, Freud, Wagenschein)

Studieren bedeutet *Aneignung von Wissen*, und zwar nach verbreiteter Vorstellung: Aneignung nicht aufgrund von Übernahme im Vertrauen auf die Autorität anderer Instanzen wie «der Experten» oder «der Wissenschaft», sondern aufgrund eigener Einsicht, eigenen Verstehens, eigener Anschauung, eigenen Nachdenkens. Lehrer können Schüler nur dann zum Gebrauch ihrer Denkkräfte anregen, wenn sie selbst an exemplarischen Punkten durch eigenes Bemühen erfahren und durchgemacht haben, was es heißt, ein Verständnis von der Idee, das heißt dem aufklärenden Zusammenhang einer Sache, erworben zu haben. Dewey hat – in *How We think* – zweierlei Arten unterschieden, zu Wissen zu kommen. Sein scheinbar triviales Beispiel – wie kommen wir zu dem Wissen, daß die Erde eine Kugel ist? – läßt sich mit einiger Phantasie auf alle Geistes-, Natur- und Gesellschaftswissenschaften übertragen. Es erlaubt die Konkretisierung der Frage nach der Art der Wissenschaft, die dem Lehrer hilft – weil sie bei ihm eine bestimmte Aufmerksamkeit initiiert:

Ideen sind folglich nur dann echte Ideen, wenn sie zur Lösung eines Problems beitragen. Nehmen wir an, man wollte einem Schüler die *Idee* von der Kugelgestalt der Erde verständlich machen. Das ist etwas anderes als ihn lehren, daß die Kugelgestalt der Erde eine Tatsache ist. Man kann beispielsweise einen Ball zeigen (oder an einen erinnern) oder einen Globus und hinzufügen, daß die Erde rund ist, so wie diese Gegenstände. Man kann ihn diese Angabe tagtäglich wiederholen lassen, bis die Gestalt der Erde und die des Bal-

117

les in seinem Geist verschmelzen. Aber auf diesem Wege hat er noch keine Idee von der Kugelgestalt der Erde gewonnen. Es ist bestenfalls ein gewisses Bild in seinem Bewußtsein entstanden, und er kann sich zum Schluß die Erde nach Analogie des Balles vorstellen. Aber um die Kugelgestalt der Erde als Idee zu erfassen, muß der Schüler erst gewisse beunruhigende Züge an beobachteten Tatsachen wahrgenommen haben, und die Idee, von der Kugelgestalt der Erde muß in diesem Zusammenhang als mögliche Erklärung für die wahrgenommenen Phänomene entstehen. Nur wenn sie als Methode verwendet wird, um Tatsachen zu erklären und deren volle Bedeutung zu entwickeln, entsteht die echte Idee von der Kugelgestalt der Erde. Es kann eine lebhafte Vorstellung vorhanden sein, aber keine Idee; oder trotz einer fließenden unklaren Vorstellung kann dennoch eine Idee bestehen, wenn die Vorstellung die Funktion erfüllt, zur Beobachtung der Tatsachen anzuregen und diesen Vorgang zu lenken. (Dewey 1951, S. 114 f.)

Die eine Art des Wissens entsteht durch Information und Instruktion, daß etwas (gegen den Augenschein) der Fall sei. Und sie wird durch Illustrationen gestützt: Mit der Erdgestalt ist es im Grunde wie mit dem Ball. Anerkennungsgründe für den so Belehrten liegen einerseits in der Autorität dessen, der das mitteilt (hinter ihm steht die Autorität der Wissenschaft, die ja bekanntlich nur irgendwo überprüftes Wissen weitergibt), andererseits in der Eindrucksmacht der sinnlichen Illustration: Man kann sich das «gut vorstellen». Das so entstehende Wissen kann richtig sein, aber es hat für den so Wissenden selbst nur minderen Wert – mit Dewey gesprochen: er hat «noch keine Idee von der Kugelgestalt der Erde gewonnen». Das heißt: er ist nicht durch eigenes Nachdenken zum wirklichen Verstehen gekommen.

Um diesen Vorgang anzubahnen, bedarf es nach Dewey zweierlei: *erstens* des Ausgrabens und des Aushaltens von beunruhigenden Zügen in Phänomenen und Sachverhalten: Unstimmigkeit in den Sachen, Widerspruch zwischen Vorwissen

118

und vor den Sinnen liegendem Tatbestand, Spannung zwischen den aufgrund von Erfahrungen mit einer Sache gebildeten Erwartungen und den faktischen Verläufen, Brüche und Widersprüche und Fehler in Texten, Bildern, Äußerungen usw. usw. Diese Züge beunruhigen das tief sitzende Bedürfnis nach Normalität, Stimmigkeit, Verläßlichkeit, Vorhersehbarkeit. Und demgemäß muß eine erste Phase auf dem Weg zur «Gewinnung einer Idee» im Aufspüren, Starkmachen und Aushalten solcher beunruhigender Züge bestehen – durchaus gegen den Strich, entgegen dem Bedürfnis nach beruhigender Stimmigkeit. Am Beispiel Deweys: Nichts in der Alltagsnormalität unsrer Wahrnehmung deutet auf die Erde als eine frei im Weltall schwebende Kugel hin. (Von Erdbewegung gar ist überhaupt nicht die Rede.) Berge und Ebenen, ja auch Seen und Flüsse: sie alle liegen wie auf einer ebenen Platte vor uns. Die Beunruhigung entsteht aus dem Widerspruch zwischen dem allgemein approbierten Vorwissen und dem Augenschein. Wie konnte man darauf kommen, daß er trügt? Die Lehre, die die Abkürzung zur nur illustrierenden Beweisführung vermeiden will, muß schon bemüht sein, die Unruhe «scharf» zu machen, sie nicht nur scheinhaft als Hindernis aufzubauen, das dann triumphal durch vorzuführende Beweise überwunden wird.

Die *zweite* Phase im Aufbau verstehenden Wissens geht auf die Suche nach Zügen der Erfahrungswelt, deren Erstaunlichkeit das Nachdenken auf die Idee von der Kugelgestalt bringen konnten und je neu bringen können.

Martin Wagenschein hat in einem breit ausgeführten Lehrgang sorgsam die Winke in der alltäglichen oder durch Lesen bekanntgemachten Erfahrungswelt aufgezeichnet, die im Deweyschen Sinn «als Methode» verwendet werden können, die zunächst abenteuerlich erfahrungsferne These von der Kugelgestalt der Erde einen Schritt weit plausibel oder wahrscheinlich zu machen:

(1) Die wegfahrenden Schiffe schwinden, den offenbar «abwärts» gekrümmten Meeresspiegel hinunter – Zeichen von Wölbung, gewiß, aber nicht mehr...

(2) Wir gewahren zuweilen einen «tief und flach über uns hingewölbten Wolkenhimmel», der «dem Erdboden zu folgen scheint» und ringsum «hinter dem Horizont herniederhängt». Wiederum: Zeichen für Wölbung.

(3) Die Griechen wußten als Seefahrer, genau beobachtend, sehr wohl, daß die Erde eine Kugel ist. Wenn man den Polarstern beobachtet, der ja als einziger die ganze Nacht unverrückbar an derselben Stelle bleibt – und wenn man von einer südlichen Stadt, sagen wir Alexandria, auf ihn zu fährt, Richtung Norden –, dann steigt er merklich und langsam höher. Der Polarstern steigt bei jeder gleich großen Tagesreise um dasselbe Stück. (Wären wir auf einer Platte angesiedelt, müßte sich der Polarstern bei jeder Tagesreise um ein immer größeres Stückchen heben.) Also Kugel? Freischwebend?

(4) Der umwerfendste Hinweis, daß dieses gekrümmte kugelige Etwas tatsächlich *ohne Wurzel* frei im Weltall schwebt: die Mondfinsternis. Eine rätselhafte Rundung schiebt sich rötlich-pelzig über den hell strahlenden Vollmond (die nähere Beschreibung und Kommentierung, phänomensensibel und neue Fragen öffnend, bei Wagenschein 1970, S. 28 f.).

Auf mehreren Seiten faltet Wagenschein die Deweysche Umschreibung des Vorgangs auseinander, indem Züge der Erfahrungswelt herangezogen werden, um zuvor entstandene und kultivierte Beunruhigungen *zu bearbeiten*.

Die Eigenarbeit an den Quellen der Beunruhigung – sowohl an ihrer Freilegung, ihrer Musterung, als auch bei der Fahndung nach Spuren, die Aufklärung schaffen könnten, womit «es» zusammenhängt –, diese Eigenarbeit ist die kostbare Essenz eines Studierens, das Menschen instand setzen kann, andere zum Gebrauch ihrer Beobachtungs- und Denkkräfte anzuregen. Dann heißt *Lehren* nicht, fertige Erkenntnisse und Antworten gemäß einer Autorität zu übermitteln. Daß dieser Lehrvorgang keineswegs nur an bestimmte Formen des *Gesprächs* gebunden sein muß (wiewohl er seit Sokrates und Galileis *Discorsi* dort seine privilegierte Entstehungszone hat), beweist Sigmund Freud in seinen Vorlesungen zur *Einführung in die Psychoanalyse.*

Der Beginn der wissenschaftlichen Aufmerksamkeit im Forschungsprozeß ist für ihn die exemplarische Einstiegssituation in die Lehre. Das heißt: Freud geht nicht so vor, daß er gewonnene Forschungsergebnisse gewissermaßen stapelt und nun systematisch ordnet: daß er also etwa ausgeht von der Dreiteilung der Psyche in Unbewußtes, Ich, Überich – und von diesem Grundriß aus Träume, Fehlhandlungen, Krankheiten, Heilungsvorgänge systematisch verortet und deutet. So gehen bekanntlich viele systematische Einführungen und Überblicke in Wissenschaften vor, und sie glauben sich dabei abnehmer- und lernerfreundlich und auch lehrökonomisch. Große Gebiete werden so dem Anschein nach dem Verständnis erschlossen. Tatsächlich aber spricht vieles dafür, daß solche resultatfixierte Ergebnisaufreihung die fundamentalen Verstehenswünsche und -fähigkeiten des Anfängers, des Studierenden, des Lernenden überspringt, narkotisiert und abtötet. Eben weil der solchermaßen Ergebnisse Darstellende glaubt, es dem Lernenden ersparen zu müssen oder zu können, die anfänglichen *Beunruhigungen*, von denen Dewey spricht, auszugraben, in den Blick zu nehmen und anzugehen. Dagegen Freud, zu Beginn der zweiten *Vorlesung*:

> Meine Damen und Herren! Wir beginnen nicht mit Voraussetzungen, sondern mit einer Untersuchung. Zu deren Objekt wählen wir gewisse Phänomene, die sehr häufig sehr bekannt und sehr wenig gewürdigt sind, die insofern nichts mit Krankheiten zu tun haben, als sie bei jedem Gesunden beobachtet werden können. (Freud 1966, S. 18)

In den nunmehr aufgezählten Phänomenen (Vergessen von alltäglichen Dingen, Versprechen, Verlegen und Verlieren von Gegenständen) werden nun sorgsam die Unruheherde im Sinn von Dewey freigelegt, und zwar nicht doktrinär feststellend, sondern gesprächsweise entwickelnd. Jeder würde ja zunächst

121

diese alltäglichen Geschehnisse abwiegelnd als Folge von Erschöpfung, Zerstreuung, Unachtsamkeit oder als Zufall einordnen und erklären – und damit wäre die Beunruhigung aus der Welt geschafft. «Erschlaffen von Aufmerksamkeit» – die Tatbestände sind dank einem allgemeinen Zug menschlicher Aktivität (sie ermüdet immer wieder) zugeordnet, «subsumiert». Freud läßt diese Art, Beunruhigungen zu liquidieren, durchaus ausreden – er leiht ihr alle erdenklichen Argumente. Aber letztlich läßt er diese Beruhigungen doch wieder auflaufen. Und jetzt wird die Beunruhigung brisant: Warum haben solche Fehlhandlungen, wenn sie doch nichts als belanglose Erschöpfungserscheinungen sein sollen, gar nicht selten einen klar zu ermittelnden Sinn? Dieser Versprecher, dieses Verlegen und Vergessen: warum meldet sich darin oft – wie eine Selbstprüfung leicht offenbaren kann – eine Absicht, ein Wunsch, den sich jemand kaum offen einzugestehen, den er nicht bewußt zu realisieren oder auszusprechen wagt? Freud zitiert hinreichend Beispiele:

> Die gewöhnlichste und auch die auffälligste Art des Versprechens ist aber die zum genauen Gegenteil dessen, was man zu sagen beabsichtigt... Es gibt historische Beispiele dieser Art: Ein Präsident unseres Abgeordnetenhauses eröffnete einmal die Sitzung mit den Worten: Meine Herren, ich konstatiere die Anwesenheit von ... Mitgliedern und erkläre somit die Sitzung für geschlossen. (Freud 1966, S. 27)

Aus der Arbeit an der Beunruhigung durch ausdrücklich bewußtgemachte beunruhigende, unpassende Züge der Erfahrungswelt werden im Vortrag und in einer Art inneren Gesprächs Ideen entwickelt, mittels deren die beunruhigenden Züge neu gesehen und neu auf bislang unbekannte Zusammenhänge hin durchdrungen werden. Was alle Welt gern als selbstverständlich für jede Wissenschaftslehre reklamieren würde, bei Dewey, bei Wagenschein, bei Freud ist es in exemplarischer Weise gezeigt.

Wie unbekannt und wie schwer dieses scheinbar so Einfache und Selbstverständliche zu realisieren ist im Alltag der Hochschule und des Studiums, das wird jeder Studierende und jeder Lehrende aus eigener Erfahrung wissen und mag es prüfen. Für den Wissenden und Forschenden an irgendeiner Forschungsfront scheint es fast nicht mehr möglich, die frühen Beunruhigungen an alltäglichen Phänomenen noch wahrzunehmen und ernstzunehmen, an denen sich der wissenschaftliche Prüfungs- und Beobachtungsgeist zu entzünden vermag. Und so teilt man Wissen womöglich in attraktiv anschaulicher, medial aufbereiteter Form mit, derweil die Wurzeln der Neugier, der Denklust verdorren – weil man immer gesagt bekommt, man müsse erst sehr viel Wissen speichern, ehe man zum Denken und Forschen kommen könnte.

Und diese Wissenschaftsvorstellung pflanzt sich dann fort in die Schullehre: Wissen wird übermittelt, illustrativ, vielleicht gar anregend und «handlungsorientiert». Aber die Kultivierung der Beunruhigungen im Sinn Deweys bleibt unbearbeitet oder verkommt zu rasch verlöschenden Motivationsfragen, denen anzumerken ist, daß sie nicht ernst gemeint sind und daß sie niemanden mehr tatsächlich beunruhigen.

Wie kommen die Griechen auf die zutiefst beunruhigende Idee der irrationalen Zahl? Wieso kann der englische Premier 1919 den Versailler Vertrag unterzeichnen, obwohl er in privaten Aufzeichnungen die katastrophalen Folgen eines Rachekrieges der gekränkten Verlierernation voraussieht? Solche und ähnliche Beunruhigungsherde erfahrbar zu machen, zu schärfen, zu beschreiben – ohne die bereitliegenden und Stimmigkeit schaffenden Erklärungsrettungsringe vorschnell zu strapazieren –, das wären Züge einer Art von Wissenschaft, wie sie uns vorschwebt. Die Lehrer sollten die Möglichkeit haben, diese Züge von Wissenschaft durchzumachen – denn die Häufung und Systematisierung von Wissen, die von der Entstehung aus Beunruhigungen abgetrennt werden, können Menschen entmündigen. Solche Beunruhigungen aber sind niemandem zu ersparen, wenn es ans wirkliche Nachdenken und Verstehen geht.

(4) Das Rätselhafte und seine didaktische Liquidation (anhand von Beispielen aus Literatur, Mathematik, Geschichte)

Man kann durch Vorinformationen über das Ende des Ersten Weltkriegs und die Interessenkonflikte der Siegermächte die Erörterung der Friedensverträge von Versailles und Saint-Germain in der Weise vorbereiten, daß sie schon erklärt und plausibel gemacht sind, bevor sie überhaupt auftauchen. Nichts ist dann leichter zu verstehen als die dominante Stellung Frankreichs, das den höchsten Anteil an den Kriegsleiden und -opfern erbracht hatte. Man kann freilich auch Aufzeichnungen und Äußerungen von Verhandlungsführern unterschiedlicher Siegermächte mit dem Endtext des Vertrages und der ersten Reaktion des deutschen Außenminister so konfrontieren, daß ein verwirrendes Bild höchst unterschiedlicher Positionen entsteht. «Das kann doch nicht wahr sein!» – diese kopfschüttelnde Reaktion stellt sich beim Studium der Dokumente ein.

Man kann den Euklidschen Beweis, daß es unendlich viele Primzahlen gibt, ziemlich mühelos in 10 Minuten klipp und klar vorführen und gegen Einwände sichern, so daß Lernende ihn restlos zu verstehen glauben. Man kann freilich auch zunächst wortlos die ersten Primzahlen $1 - 3 - 5 - 7 - 11 - 13 - 17 - 19 - 23$ an die Tafel schreiben und darauf warten, bis die Frage in den Köpfen der Beteiligten entsteht, ob dieses leicht unregelmäßige Auftauchen von Zahlen, die nur durch 1 und sich selbst teilbar sind, endlos weiter geht, ob die Abstände immer größer werden und schließlich endlos groß werden; ob einmal überhaupt keine Primzahl mehr kommt. Das Rätsel (ist es ein Rätsel?) taucht auf: Muß man das ausprobieren, hat es jemand einmal probiert? Kann man das durch Probieren (gar mit einer Maschine?) herausbekommen? Oder gibt es die Möglichkeit ohne Probieren, durch bloßes, scharfes Nachdenken herauszukriegen, zu *beweisen*, ob es immer noch eine Primzahl geben muß? (Martin Wagenschein hat in einem Bericht die abenteuerlichen Denkversuche und Streitigkeiten aufgeschrieben, die eine Lerngruppe von 14- bis 15jährigen über eine Woche täglich zwei Stunden, man muß schon sagen: aufgewühlt haben! (Wagenschein 1965 b, S. 102 ff.)

Ginge es nicht einfacher? Ist es nicht Aufgabe des Lehrers, elegant Lösungen vorzuführen, die mittels Formeln und durch Lehrsätze Zeit gewinnen lassen und es den Beteiligten ersparen, «Amerika zum zweiten Mal zu entdecken», wie gesagt wird?

Es ist eine Sache, den Dichter Heinrich von Kleist als jemand bekannt zu machen, dem das idealistische Welt- und Geistvertrauen in der sogenannten «Kantkrise» zerfallen ist: zerrissene Menschen, zerrissene Beziehungen... Es ist eine andere Sache, die ersten drei Zeilen des Lustspiels *Der zerbrochene Krug* isoliert vorzunehmen und auf überraschende Merkmale und Brüche hin abzutasten: Wer kann wem gegenüber in welcher Situation die folgenden sich überstürzenden und wiederholenden Äußerungen wagen? «Ei, was zum Henker, sagt Gevatter Adam! / Was ist mit Euch geschehn? Wie seht ihr aus?» Und die Antwort: «Ja, seht, zum Straucheln brauchts doch nichts als Füße.» (Kleist o. J., S. 329) Die drei Zeilen, isoliert, als Fragment betrachtet, können dem nachdenklichen Blick abgründig fremd und rätselhaft werden.

Man kann diese Irritation mühelos durch Gesamtlektüre und Einordnungen überspringen. Lehren, auch auf der Hochschule im Studium, wird weithin so praktiziert: Man lernt, zu entschärfen und einzuordnen. Es käme aber darauf an, die Sachen in ihrer Rätselhaftigkeit allererst zu Gesicht zu bekommen. Dies zu lernen und zu üben wäre wohl wichtiger Bestandteil eines Lehrerstudiums.

Ulrich Oevermann faßt in einer Abhandlung zur Professionalisierung des Lehrerberufs Ergebnisse der Kognitions- und Lernforschung so zusammen:

> Theoretisches Wissen und methodisches Denken sowie Einsicht in sachliche Zusammenhänge werden um so wirksamer vermittelt, je mehr der Lernende durch eigene Problemlösung auf sie gestoßen ist. Eine mäeutische Pädagogik wird entsprechend darauf aus sein, zunächst ein Pro-

blembewußtsein durch Konfrontation mit unerwarteten Konstellationen oder Folgen zu wecken, also eingefahrene Gewohnheiten und Überzeugungen an der empirischen und logischen Evidenz zu brechen und auf dieser Folie eine eigentätige Lösungssuche in Gang zu setzen. Es liegt auf der Hand, daß nur so eine wirkliche Transformation von Wissens-, Erfahrungs- und Denkstrukturen durch pädagogische Wissensvermittlung stattfindet, eine Transformation, die bei der bloßen Eintrichterung eher gehemmt wird. Denn in der «Trichterpädagogik» wird dem Schüler als Normalität suggeriert, Wissen durch mechanisches Lernen und «Pauken» nach dem Modell des im Fremdsprachenerwerb durchaus notwendigen Vokabellernens sich anzueignen. (Oevermann 1997, S. 157)

Lehrer, die imstande sein sollen, Lernende in die «Konfrontation mit unerwarteten Konstellationen oder Folgen» einzubeziehen, müßten eine Art Wissenschaft durchgemacht haben, die ihnen diese Konfrontation immer wieder zumutet und möglich macht. Sie wird freilich immer wieder erstickt durch die Neigung des Fachwissenschaftlers, anfängliches Fragen als primitiv und als vom Stand der Forschung aus längst überholt zu verachten. Worauf es sich richtet, das wird vorausgesetzt oder im raschen Überblick abgehandelt. Was für den künftigen Forscher und Wissenschaftsspezialisten förderlich sein kann – der schnelle Durchmarsch durch Bereiche des sogenannten längst gesicherten Grundwissens –, kann künftige Lehrer unfähig machen, Rätsel und Unbekanntheiten in den Zonen zu gewahren, aus denen Wissenschaft entsprungen ist und in denen die Aufmerksamkeit von Anfängern sich entzünden könnte.

Eine bauchige 5-Liter-Weinflasche, mit Wasser gefüllt, wird mit der Öffnung nach unten, also umgedreht, in einen Eierbecher mit Wasser gehalten und läuft nicht aus. – Kaum ein Student ist imstande, das Phänomen in seiner frappierenden Erstaunlichkeit auszuhalten und durch sorgsames Mustern Erstaunlichkeitsquellen zu sondern und zu beschreiben. Studierende sind gewöhnlich überzeugt, daß die Physik «das längst geklärt hat», und fragen nach deren Erklärung – wenn sie nicht gar aus der Erinnerung die Lösung parat haben: «Es ist der Luftdruck». Freilich sind sie dann perplex und ratlos, wenn man dagegen fragt, wieso der Luftdruck – gesetzt, er ist die Ursache des Phänomens – das Unterwasser im Eierbecher nötig hat als Vermittler, der das Wasser hochdrückt? Er müßte doch auch auf die einfach umgedrehte und in die Luft gehaltene Flasche so einwirken, daß das Wasser nicht ausläuft. Was es aber tut, wie jeder weiß...

Zwei Zitate von Mathematikern, die wissen wovon sie reden, machen auf die Folgen der Verachtung der frühen Aufmerksamkeiten und anfänglichen Fragestellungen aufmerksam. Wenn man unentwegt gesagt bekommt, «Ihr müßt das jetzt lernen, weil ihr es später brauchen könnt» (an mathematischen Formeln, physikalischen Lehrsätzen, historisch-geographischem Grundwissen), wird die Neugier und Aufspürlust von Lernenden verschlissen – dies die Pointe der folgenden Zitate von Whitehead und Toeplitz:

In der Vergangenheit hat der Unterricht der Mathematik auch darunter gelitten ... daß er als eine Sammlung von bloßen, uninteressanten Prolegomena zu höheren Gebieten dieser Wissenschaft behandelt wurde. Der Großteil der Schüler gelangte aber nie zu diesen höheren Gebieten; für sie war der einzige Gewinn dieses Unterrichts ein Haufen zweckloser Tricks. – Wir müssen die elementare Mathematik als einen in sich vollständigen Gegenstand auffassen, der um seiner selbst willen studiert werden soll. Er muß von jeder Beimischung gereinigt werden, die nur durch Bezugnahme auf ein länger fortgesetztes Studium gerechtfertigt werden kann. Nichts kann zerstörerischer für wahre Bildung sein, als wenn man lange Stunden damit zubringt, sich Ideen und Methoden anzueignen, die nirgends hinführen. Es ist verhängnisvoll für jegliche geistige Vitalität. Einerseits erzeugt es ein Gefühl der Inkompetenz, des Unverständnisses, der Unfähigkeit, wirklich bis zur wahren Bedeutung der

127

Dinge durchzudringen; gleichzeitig schafft es, durch eine natürliche Auflehnung des sich selbst achtenden Geistes, einen Abscheu vor Ideen und einen Verdacht, daß sie alle gleich bedeutungslos [futile] sind ... Ich protestiere gegen die Darbietung der Mathematik als eines albernen [silly] Studiengegenstandes mit albernen Anwendungen – ... ein wesentlicher Grundsatz: Man vereinfache die Einzelheiten und betone die wichtigen Prinzipien und Anwendungen ... (Whitehead, «Mathematics and Liberal Education: An Address» [1912]; zit. nach Wittenberg 1963, S. 65)

Der Mathematiker Otto Toeplitz schreibt 1927:

Alle diese ... kanonisierten Requisiten (des mathematischen Unterrichts) müssen doch einmal Objekte eines spannenden Suchens, einer aufregenden Handlung gewesen sein, nämlich damals, als sie geschaffen wurden. Wenn man an diese Wurzeln der Begriffe zurückginge, würde der Staub der Zeiten ... von ihnen abfallen, und sie würden wieder als lebensvolle Wesen vor uns erstehen ... Nicht um die Geschichte handelt es sich, sondern um die Genesis ... Unerschöpflich kann man so aus der Historie für die didaktische Methode lernen. (Zit bei Wagenschein 1959, S. 395)

Es gibt die Vorstellung, geschichtliche Ereignisse und Entwicklungen müßten in einer der Zeitfolge gehorsamen einheitlichen Darstellung aufbereitet werden, um gelernt und verstanden werden zu können – ein homogener Zusammenhang von Geschehnissen, Deutungen, Erklärungen. Ein exemplarisches Gegenbeispiel jüngster Geschichtsschreibung, das auch ein Beispiel für Geschichtslehre ist, bietet Saul Friedländers Werk *Das Dritte Reich und die Juden.* In der Einleitung zu Band 1 *Die Jahre der Verfolgung* erklärt Friedländer: Der Ansatz, «völlig verschiedene Ebenen der Realität nebeneinander zustellen», diene dem Ziel, «ein Gefühl der Entfremdung zu erzeugen, welches der Neigung entgegenwirkt, mittels nahtloser Erklärungen und standardisierter Wiedergaben diese bestimmte Vergangenheit zu domestizieren und ihre Wirkung abzuschwächen. Dieses Gefühl der Entfremdung scheint mir die Art zu reflektieren, in der die unglücklichen Opfer des Regimes zumindest während der dreißiger Jahre eine absurde und zugleich bedrohliche Realität wahrnahmen, eine durch und durch groteske und bedrückende Welt hinter der Fassade einer noch bedrückenderen Normalität.» (Friedländer 1998, S. 15 f.)

Eine Absage an den souveränen, alles überschauenden und einordnenden Blick – eine Identifikation mit der Erfahrung von Opfern und Akteuren, die sich in unüberschaubaren, disparaten Wirklichkeitsfragmenten zurechtzufinden haben –, das ist das Ziel dieser historischen Darstellung. Die Kapitel des ersten Teils, disparate Ebenen der Realität undomestiziert nebeneinanderstellend, heißen: «1. Der Weg ins Dritte Reich / 2. Einverstandene Eliten, bedrohte Eliten / 3. Erlösungsantisemitismus / 4. Das neue Ghetto / 5. Der Geist der Gesetze» (Friedländer 1998, S. 8).

Ernst-Michael Kranich

Zu einem neuen Bild von Unterricht und von der Tätigkeit des Lehrers

Über die persönliche Bedeutsamkeit von Unterricht

Die andere Art von Wissenschaft, die in den vorangehenden Beiträgen skizziert wurde, verändert das Bild des Lehrers und das Bild von Unterricht. Das hat Konsequenzen bis in den Alltag der Schule. Hier geht es um ein Lebensproblem, das den Lehrer und den jungen Menschen betrifft, der eine ganze Anzahl von Jahren die Schule besucht. In seinem Buch *Die Schule neu denken* berührt Hartmut von Hentig dieses Problem unter der Überschrift «Die Schwächen der Unterrichtsschule werden wahrgenommen». Er berichtet von einer Untersuchung, in der es u. a. um die Freude von Schülern an der Schule und ihre Befindlichkeit in der Schule geht, also um ihr persönliches Erleben von Schule (Czerwenka u. a. 1990). Was die nüchternen Zahlen mitteilen, könnte man auch unter der Rubrik «kontraproduktive Effekte» behandeln. Wenn die Freude während der Schulzeit von der Grundschule bis zur Oberstufe des Gymnasiums dramatisch abnimmt und in der Grundschule ein Drittel der Schüler (32,3 %) ihr Befinden negativ beurteilt, im Gymnasium aber vier Fünftel (79,9 %), dann signalisiert das doch wohl einen konstitutionellen Defekt. Die bedeutendste Fähigkeit des Menschen, nämlich zu lernen, das heißt aus eigenem Bemühen sein Wissen und Verstehen zu erweitern und neue Fähigkeiten zu erwerben, verläuft offensichtlich in Bahnen, die ihre Realisierung zu einer ungeliebten und unangenehmen Sache werden lassen. Eine der besten Anlagen des Menschen erleidet eine Deformation, durch die sie im Rahmen schulischen Lernens unsympathisch und lästig wird.

Man kennt diesen Sachverhalt seit langem, und viele haben sich mit ihm arrangiert – Lehrer wie Schüler. Es ist aber, wenn man sich das Gewicht dieses Tatbestandes vor Augen führt, eine schwer ertragbare Situation. Wo sind Wege zur allmählichen Überwindung dieses Notstandes?

*

Das Ergebnis der beiden Hauptbeiträge dieser Schrift: Man macht es sich mit der Lehrerbildung zu leicht, indem man sie, weitgehend unreflektiert, auf dem Fundament der etablierten Form von Wissenschaft errichtet. Dabei weiß man, daß Wissenschaft, wie sie an den Universitäten gelehrt wird, für die Kinder und Jugendlichen in der Schule nicht brauchbar ist. Sie muß durch die Fachdidaktik für die Schule erst zubereitet werden.

Ist sie aber für diejenigen, die Lehrer werden wollen, angemessen? Schon hier bestehen Zweifel. Allem Anschein nach beziehen sich diese nicht nur auf die Vermittlung der Wissenschaft an die künftigen Lehrer, sondern auch auf die Wissenschaft selbst. Man stößt auf skeptische Äußerungen wie diese: «... das Studium einer Disziplin, wie es sich heute bietet, ist weder bildend noch berufsvorbereitend» (Huber 1996, S. 62). So wurde die Frage aufgeworfen: «Wie also kann Wissenschaft für die Lehrerbildung gewahrt werden, ohne daß sie sich in den Wissenschaften verliert?» (Hänsel u. Huber 1996, S. 11) Die Antwort aufgrund unserer Analyse: Die Wissenschaften sind um die Dimensionen zu erweitern, die sich erschließen, wenn der Mensch nicht mehr als Subjekt ausgeschaltet wird – damit Schülern nicht weiterhin menschenferne Weltinterpretationen aufgedrängt werden. Theorien haben nur insofern eine Geist weckende Bedeutung, als sie zum Verstehen beitragen. Als subjektneutrales Erklärungsreservoir haben sie gewiß auch ihren Platz in der Schule, aber nicht den ersten. Es sind auch bestimmte Grundmaximen kritisch zu hinterfragen. Zu diesen gehört die Forderung, die Schule solle die Grundlage für lebenslanges Lernen dadurch legen, daß ihre Schüler die Methoden des wissenschaftlichen Erkenntniserwerbs kennenlernen und sich aneignen. Wie aber, wenn diese wenig motivierend oder gar langweilig sind?

Es geht nicht in erster Linie um Vermittlung von Methoden, sondern um das Erwecken von Interesse. So ist es doch auch im

Leben: Man befaßt sich von sich aus mit dem, was das Interesse erregt. Denn mit dem Interesse beginnt eine persönliche Beziehung zu den Dingen. Interesse ist mehr als aufmerksames Zur-Kenntnis-Nehmen; dieses ist durchaus bei innerer Gleichgültigkeit möglich, Interesse dagegen enthält und verstärkt innere Anteilnahme. Man lernt nicht nur nach vorgeschriebenem Plan etwas kennen, sondern man *möchte* es kennenlernen, und zwar ganz aus sich selbst. Nach Philipp Lersch handelt es sich «um das Streben nach Erweiterung des Welthorizontes in der Form des Wissens um etwas, des Einsichtigwerdens in Sachverhalte und Zusammenhänge. Interesse in dem hier gemeinten Sinne ist Erkenntnisstreben, Wissensdrang, Streben nach wissender Teilhabe.» (Lersch 1970, S. 193) Damit ist das Interesse aber jene innere Regsamkeit, die als Impuls in allem inhaltlichen Lernen wirken sollte. Andernfalls wird Lernen zu einer Tätigkeit ohne persönliches Engagement – wie Essen ohne Hunger und Appetit, das heißt zu etwas Unnatürlichem, wenn nicht zu etwas Aufgezwungenem.

*

Deshalb sollte man vor allem fragen: Wie entsteht Interesse – zunächst beim Lehrer und dann durch ihn bei seinen Schülern? Da muß das Wissen eine Transformation durchmachen; denn das übliche examenstaugliche Wissen ist neutral und unpersönlich. Es ist merkwürdig abgesondert von den persönlichen Regungen, aber auch von den Dingen, auf die es sich bezieht. Es hat so gut wie keinen Einfluß auf unsere Beziehung zu den Dingen. Sein Charakter ist unengagiert; man kann mit ihm umgehen wie mit Gegenständen, die man besitzt, ohne eine innere Zuneigung oder Liebe zu ihnen zu empfinden. Es trägt den Stempel des *bloß Objektiven*.

Soll Interesse erwachen, dann hat man vom Wissen zum Erleben des Gewußten überzugehen. Das ist ein Bemühen, das Zeit braucht. Denn innere Anteilnahme kann man sich nicht wie das Wissen rasch aneignen und ebenso schnell wieder vergegenwärtigen; sie bildet sich in der sorgsam betrachtenden Hingabe an die Tatsachen und Vorgänge. Ich will dies durch ein

133

Beispiel verdeutlichen, indem ich die bereits mehr im allgemeinen skizzierte Methode (vgl. ab S. 48) konkretisiere:

Angenommen, man möchte als Lehrer seinen Schülern oder als Dozent seinen Studenten nahebringen, was ein Fisch ist. Man wird sich zunächst selbst vergegenwärtigen, *wie* der Fisch im Raum des Wassers schwerelos schwebt, *wie* er von seinem Lebensmedium so getragen wird, daß er sich mit ihm in einem Zustand vollkommener Harmonie befindet. Die Aufmerksamkeit mag zu anderen Tieren schweifen und vergleichen. In dem Schweben eines Fisches gibt es keine Auseinandersetzung mit der Schwere, wie sie ein Schaf oder ein Pferd mit seinen Gliedmaßen beim Stehen und in der Bewegung leistet. Man macht sich bewußt, *wie* sich der Fisch nicht deutlich von der Umgebung abgrenzt, indem seine Haut nicht wie bei anderen Tieren verhornt, sondern durch die Bildung von Schleim gleichsam mit seiner Umgebung verschmilzt. Überhaupt ist seine Beziehung zur Umgebung recht ungewöhnlich. Kopf und Rumpf bilden eine Einheit. Da ist kein Hals, durch den sich Tiere sonst nach dieser oder jener Richtung den Eindrücken aus der Umgebung zuwenden; der Fisch ist als ganzes Wesen in dieser Umgebung. Seine meist großen Augen befinden sich links und rechts: Sie sind zum ganzen umgebenden Lichtraum gerichtet. Sie haben keine Lider, durch die sich der Fisch gegenüber dem Licht absondern, gleichsam sich in sich zurückziehen könnte. Nicht wenige unter den Fischen hören die Geräusche und Klänge, die den Raum des Wassers erfüllen. Sie nehmen sie aber mit ihrem ganzen Leib auf: Sie leben empfindend in diesen Klängen und Geräuschen. Und so empfinden sie auch die Geschmacksqualitäten am ganzen Leib, zum Teil sogar an den Flossen. Es gibt kein Getrenntsein von den verschiedenen Umweltqualitäten. Der schwebende Fisch ist ein Wesen in diesen Qualitäten.

Das sind erste Schritte auf dem Weg vom bloßen Bescheidwissen über Merkmale zum Erleben dessen, was und wie ein Fisch ist. Um was es hier geht, ist nicht, wie man vielleicht argwöhnen könnte, ein problematisches Abgleiten vom Objektiven ins Subjektive. Der Lehrer wird allerdings als Subjekt gefordert, denn es wird ihm abverlangt, sich auf die Sache einzulassen. Dabei kommt es zu einer doppelten Annäherung: Man nähert sich einer besonderen Form des Tierseins an, und diese, die des Fisches, beginnt sich in dem Miterleben wesenhafter als bisher auszusprechen. In diesem Sich-Einlassen und Sich-Annähern erwacht das Interesse. Man möchte in solcher Weise noch vieles weitere über den Fisch erfahren, auch über andere Tiere.

In gleicher Weise kann man auch bei den anderen Tieren vom Wissen zum Erleben fortschreiten. Ebenso bei den Pflanzen, indem man zum Beispiel bei einem Strauch der Heckenrose verfolgt, wie sich die bogenförmigen Triebe mit großer Wachstumsdynamik weit in den Umkreis hinausbegeben, wie sich die Blätter mit ihren Fiederblättchen in die Umgebung hinein aufgliedern, wie dann aus den Bogentrieben die Blüten aufsteigen und sich mit ihrem Blütenstand noch einmal zum Umkreis ausweiten und wie sich hier im Juni die großen, weit offenen, warm rosafarbenen Blüten entfalten.

Wie bei der Rose werden auch bei den anderen Pflanzen die Formen zu Gebärden des Wachstums. In ihnen lernt man als Lehrerin oder Lehrer – und dann auch als Schülerin und Schüler – kennen, wie die Pflanzen mit ihrer Umgebung in Beziehung stehen. Man kann sich ebenso auf Stoffe und Mineralien, auf physikalische und chemische Prozesse einlassen.* – Auf diesen Wegen erwacht allmählich an allem das Interesse. Was bisher bloßes Faktum und mehr oder weniger beliebiger Inhalt des Wissens war, wird bedeutungsvoll.

Das Wissen in den Hochschul- und Schullehrbüchern befindet sich nach den Worten von Gerhard Trommer in einem Zustand, «wo sich nichts mehr bewegt, weil alles fertig systematisch aufbereitet ist» (Trommer 1998, S. 132). Es ist ohne inneres Leben und ohne persönliche Bedeutsamkeit. Da es in dieser Form weder seelisches noch geistiges Leben entzündet, bedarf es der geschilderten Transformation.

*

---

* Zum Vorstehenden vgl. die Beispiele in meinem Aufsatz «Welche Wissenschaft braucht der Lehrer?»

Die Vorbereitung auf eine Unterrichtsstunde kann dann allerdings nicht mehr nur darin bestehen, daß man sich den Stoff in einer methodisch geschickten Weise zurechtlegt, einige motivierende Elemente einbaut und sich dabei an bestimmten Lernzielen orientiert. Es gibt nun kein Wissensrepertoire, auf das man so einfach zurückgreifen könnte. Der wichtigste Teil dessen, was man für einen Unterricht inhaltlich zu leisten hat, besteht eben darin, daß man sich immer wieder neu mit den Phänomenen befaßt, um sich mit den Dingen erlebend zu verbinden. Das läßt sich nicht rasch, das heißt in der bisher üblichen Zeit, erledigen. So betont auch Rudolf Steiner: «Keine Unterrichtsstunde sollte erteilt werden, die [in ihren Inhalten] nicht vorher vom Lehrer im Geiste voll erlebt worden ist.» Und: die äußeren Bedingungen sind so zu gestalten, «daß für den Lehrer absolut die Zeit vorhanden ist, alles auch für sich voll und intensiv zu erleben, was er dann in die Schule hineinzutragen hat» (Steiner 1957, S. 174).

Es ist eine problematische und revisionsbedürftige Auffassung, an der Hochschule habe man das Studium absolviert und in der Schule folge die Anwendung. Denn jede Unterrichtsvorbereitung ist nun ein Studium im Bemühen um Verlebendigung des Stoffes. Das ist jedes Mal neu zu leisten, weil es im Bereich des Erlebens keine Routine gibt wie in der Beherrschung von Wissen. Lebenslanges Lernen «schwebt» dann nicht nur als blasses Ideal gleichsam über der Schule. Es wird in der immer neuen Unterrichtsvorbereitung zur Lebenspraxis des Lehrers. Und von hier aus kann es im Unterricht wirksam werden.

Ich habe des öfteren gehört, wie Studenten nach Stunden, in denen es darum ging, die Dinge sorgfältig zu betrachten, um sich im Erleben mit ihnen zu verbinden, äußern: Es würden in ihnen wieder Fragen entstehen. Schule und Studium hätten das Fragen, das ihnen als kleine Kinder so selbstverständlich war, unterdrückt. Es sei ihnen durch Wissensanhäufung und Kanalisierung des Denkens in den Bahnen theoretischer Konzepte abhanden gekommen. Wer in der lebendigen Natur nur die Resultate von Anpassung, in den Lebewesen nur die Explikation von genetischer Information, in den Stoffen eine Anhäufung weitgehend qualitätsloser Moleküle, im Denken des Menschen bestimmte Gehirnprozesse oder in den Gefühlen und Stimmungen den subjektiven Reflex auf hormonelle Veränderungen vermutet, hat keine ursprünglichen Fragen mehr. Er befindet sich in einem Gefängnis aus Theorien, die Teilaspekte der Wirklichkeit für das Ganze ausgeben. Martin Wagenschein hat diesen Zustand und das Aufwachen aus dem Alptraum der Theorien in seinem Aufsatz «Schein oder Wirklichkeit?» eindrucksvoll beschrieben. Er spricht dort von «dem nihilistischen, für junge Menschen fast tödlichen Naturgespenst» (Wagenschein 1980, S. 39).

*

Es dürfte deutlich sein, daß mit *Erleben* nicht das gemeint ist, was man meistens mit diesem Wort bezeichnet: ein diffuses Reagieren der Gefühle auf irgendwelche Eindrücke. Und das pädagogische Ziel ist das Gegenteil der sogenannten Erlebnispädagogik, der die Sache über einem angeheizten Erleben leicht entschwindet. Es geht dagegen um Erweiterung des Horizontes, in der die ursprünglichste Kraft des Lernens, das Interesse, wirksam wird und Fragen entstehen. Damit wird das Erleben für den Lehrer und seine Schüler zur Grundlage für eine weitere Stufe des Lernens.

Wenn man Tiere wie den Fisch und Pflanzen wie den Rosenstrauch wirklich betrachtet und an sich herankommen läßt, dann werden sie zum Rätsel. Es entstehen Fragen: Wie kommt es, daß ein Tier sich im Medium des Wassers so gestaltet und so lebt wie der Fisch? Aus dem Erleben der Dinge entstehen Fragen; die Dinge werden zum Rätsel, zum Erkenntnisproblem. Das Interesse vertieft sich, indem im Staunen die Rätselhaftigkeit der Erscheinungen bewußt wird. Man betrachtet zum Beispiel den Quarz, die häufigste Substanz der festen Erdrinde, in ihrer kristallisierten Form als Bergkristall: die regelmäßige Form des sechsseitigen Prismas, die komplizierten Pyramiden an seinen Enden; die große Härte und Sprödigkeit der Substanz und ihre Durchsichtigkeit, ihre reine Offenheit dem Licht gegenüber. Wie kommt es, daß diese Substanz so lichtdurchlässig ist und in dieser besonderen Form kristallisiert? Das Rätsel verschärft sich, wenn man erfährt, daß in dem Bergkristall zwei so extrem gegensätzliche Elemente wie der gasförmige Sauerstoff und das Halbmetall Silizium miteinander vereinigt sind. Nicht weniger rätselhaft sind die Organe des Menschen: zum Beispiel die Augen, wenn man sie nicht nur als jene Gebilde betrachtet, die in den Lehrbüchern der Anatomie und Physiologie beschrieben werden, sondern als jene Organe, durch die der Blick in die Weite hin zu den Gegenständen dringt und an denen man im Blick dem Ich des anderen Menschen begegnet. Michael Polanyi schreibt: «... ein Problem sehen heißt: etwas Verborgenes sehen. Es bedeutet, die Ahnung eines Zusammenhanges bislang unbegriffener Einzelheiten zu haben.» (Polanyi 1985, S. 28) Auf dieses Verborgene hat sich nun das Denken zu richten. Das Erleben des Rätsels ist die innere Impulskraft für das Denken; es gibt dem Denken zugleich die Richtung.

*

Hat man als Lehrer zunächst für sich und dann mit seinen Schülern bemerkt, daß es in dem jeweiligen Unterrichtsgegenstand verborgene Zusammenhänge gibt, so wird man sich fragen: Welche Art des Denkens kann in diese eindringen?* Nun sollte man sich als Lehrer bemühen, das Bewußtsein von den Rätseln nicht durch gängige Deutungen zu verdrängen, sondern – ganz im Gegenteil – diese Deutungen an den Rätseln messen, um zu erfassen, inwieweit sie die verborgenen Zusammenhänge aufhellen. Dadurch kann man vermeiden, daß Unterricht im jungen Menschen das Streben nach Einsicht und Wahrheit unterdrückt. Sonst erlebt der junge Mensch, daß ihm die Inhalte des Unterrichts letztlich doch fremd bleiben. Er lernt Theorien, ohne die Dinge zu verstehen. Das lähmt bei vielen Schülern die Anteilnahme. Und es kommt zu jener problematischen Situation, die wir eingangs erwähnt haben.

---

* Das wurde in meinem vorangehenden Beitrag thematisiert; die dazu angeführte Literatur enthält konkrete Beipiele für die differenzierte Behandlung unterschiedlicher Unterrichtsgebiete.

In einer Befragung von jungen Studentinnen und Studenten der Pädagogik, in der es um die Eigenschaften beliebter und unbeliebter Lehrerinnen und Lehrer ging, zeigt sich, daß vor allen anderen jene Eigenschaft herausragte, die mit «motivierend» bezeichnet wurde. Sie wurde deutlich höher eingestuft als die Eigenschaft «guter Fachmann» (Hagemann u. Rose 1998). Für den jungen Menschen ist es wichtiger, in seinem Lernen angeregt und gefördert zu werden, als von einem Lehrer unterrichtet zu werden, der sich vor allem in seinem Gebiet gründlich auskennt. Geht es doch um ein Lernen, das sich die Welt verständlich zu machen sucht, und nicht um personenneutrale Fachinstruktion. In der Schule sind vor allem die Wege wichtig und der innere Antrieb, diese auch gehen zu wollen – eben das Interesse an den Dingen und das Bedürfnis, sie zu verstehen.

*

Ich möchte einen weiteren Aspekt zu dem Thema *Horizonterweiterung, Wirklichkeitsannäherung und Erleben von Bedeutsamkeit im Unterricht* hinzufügen. Im Sinne des modernen Zugangs zur Natur spielt das Experiment auch im Unterricht eine wichtige Rolle. Jedes Experiment ist eine künstlich arrangierte Befragung, bei der einzelne Faktoren aus dem bunten Gewebe der Naturprozesse isoliert werden. Auf diesem Wege wurden die Naturgesetze gefunden, zum Beispiel durch Galilei das Fallgesetz. Ist ein solches Gesetz anhand möglichst eindrucksvoller Experimente erarbeitet, kann man manche Frage und Betrachtung anschließen, durch die dem jungen Menschen die Bedeutung dieses Gesetzes verständlich wird. Das Fallgesetz wirkt vielfach modifiziert in dem strömenden Wasser der Bäche und Flüsse, im Fallen der Regentropfen, im Heruntersinken der Schneeflocken. Durch die im Fallgesetz wirkende Gravitation sind die Sedimentgesteine entstanden, durch sie bildet sich die einheitliche Oberfläche des Meeres und der Seen. Sie wirkt aber auch in vielen Lebensprozessen. Ohne sie würden sich die Pflanzen nicht im Boden verwurzeln. Die Stengel der Pflanzen und die Stämme der Bäume wachsen

unter ihrem Einfluß senkrecht nach oben. Und ohne die Auseinandersetzung mit der Schwere könnte der Mensch nicht durch
den Willen seine aufrechte Haltung erringen. Das Auffinden
des Fallgesetzes sollte nicht ein Abschluß im Unterricht sein,
sondern der Ausgangspunkt für eine Ausweitung des Horizontes. Man schaut mit Gedanken und neuem Interesse auf die
Vorgänge in der Natur hin, wenn man in ihnen die umfassende
Bedeutung der im Fallgesetz erfaßten Gravitation entdeckt.

So kann man mit den Schülern verfolgen, wie die Wärme mit
ihrer der Verdichtung entgegengesetzten Wirkung überall in
der Natur tätig ist. Ebenso sollten die Schüler auch die chemischen Elemente und ihre Verbindungen nicht nur im Experiment kennenlernen, sondern ihre zum Teil umfassende Bedeutung in der Natur, vor allem auch in den Lebensprozessen. Das
sind nur knappe Hinweise auf ein weites Gebiet. Was man anhand der Experimente verstanden hat, kann sich im Bewußtsein
der Schüler zu einem Natur- und Weltverstehen ausweiten.
Dann erlebt der junge Mensch: Es lohnt sich, in der Schule zu
lernen, weil in meinem Bewußtsein durch mein Interesse und
mein Bemühen um Einsicht mehr und mehr von dem auflebt,
was in der Welt von Bedeutung ist. Das Erleben von Bedeutung
ist es, was die Welt interessant macht.

*

Eine Veränderung der Lehrerbildung wird nur dann wirklich
reformierend wirken, wenn sie von einem neuen Bild des Lehrers und einem neuen Bild von Unterricht inspiriert wird. Die
äußeren Bedingungen müssen dann diesen Bildern angepaßt
werden; was ihnen widerspricht, wäre zu beseitigen. Die hier
skizzierten Bilder haben klare Konsequenzen. Die inhaltlichen
und methodischen Vorgaben für den Unterricht müßten sehr
offen sein. Sie dürften sich nicht ausschließlich an der vorherr-
schenden Form von Wissenschaft orientieren: Denn zum einen
gibt es in kaum einem Wissenschaftsgebiet unter den Forschern
eine einheitliche Lehrmeinung; diese existiert nur in den Lehrbüchern. Und außerdem regen sich zunehmend Zweifel an der
etablierten Form von Wissenschaft. So schreibt Gernot Böhme:

Die Naturwissenschaft wird sich entweder selbst transformieren, indem sie in Zukunft mehr und mehr die konkrete Natur ins Auge faßt und ihr Ideal nicht in der technischen Herstellbarkeit der Gegenstände sieht, oder sie wird
andere Wissenschaften von der Natur neben sich dulden
müssen. (Böhme 1992, S. 23)

Kann das für den Unterricht von jungen Menschen etwa ohne
Belang sein? Wir sind der Auffassung, daß Unterricht nicht an
eine fragwürdig werdende Form von Wissenschaft angekettet
sein sollte. Die hier skizzierte inhaltliche und methodische Erweiterung von Unterricht braucht eine Chance. Es sollte nicht
nur an sogenannten «freien Schulen» möglich sein, daß Lehrer
aus pädagogischem Engagement und echter Wissenschafts-
gesinnung mit ihrem Unterricht über die von Lehrbuchinhalten
bestimmten Grenzen hinausgehen, während andere sich aus
ihrer Überzeugung innerhalb dieser Grenzen bewegen. Gegenüber der Tendenz zur Gleichförmigkeit, die für die Ver-
waltung der Schulen angenehm sein mag, ist eine Öffnung zu
mehr geistiger Lebendigkeit und Originalität an der Zeit – aus
keinem anderen Grunde als der Schüler und Schülerinnen
wegen. Das käme dem nahe, was vor wenigen Jahren einmal
als «kopernikanische Wende» in der Lehrerbildung und in der
Orientierung von Unterricht bezeichnet wurde.

Literatur

Adorno, T. W. (1963): «Philosophie und Lehrer». In: Ders.: *Eingriffe*, S. 29–53. Frankfurt a. M.

– (1981): *Mahler*. Frankfurt a. M.

Aebli, H. (1981): *Denken – das Ordnen des Tuns*. Bd. II. Stuttgart.

Albert, H. (1967): «Probleme der Wissenschaftslehre in der Sozialforschung». In: R. König (Hrsg.): *Handbuch der Empirischen Sozialforschung*. Bd. 1. Stuttgart, S. 38–63.

Auerbach, E. (1959): *Mimesis*. Bern.

Barzun, J. (1968): Vorwort zu Stephen Toulmin: *Voraussicht und Verstehen. Ein Versuch über die Ziele der Wissenschaft*. (edition suhrkamp Bd. 292) Frankfurt a. M., S. 9–13.

Berkel, B. van, de Vos, W. und Verdonk, A. (1993): «Strukturen der Schulchemie». In: *chimica didactica* Jg. 19, H. 3, S. 220–231.

Bildungskommission NRW (1995): *Zukunft der Bildung – Schule der Zukunft*. Neuwied/Kriftel/Berlin.

Böhme, G. (1992): *Natürlich Natur. Über Natur im Zeitalter der technischen Reproduzierbarkeit*. Frankfurt a. M.

Boss, M. (1978): «Der neue Wandel der Neurosen – Erkenntnisse der Psychotherapie». In: *Universitas*, H. 10, S. 1023–1029.

Brecht, B. (1981): *Die Gedichte von Bertolt Brecht in einem Band*. Frankfurt a. M.

Brunkhorst, H. (1990): *Theodor W. Adorno*. München.

Buck, P. (1990): «Präzise und exakte Begriffsbildung». In: *chimica didactica* Jg. 16, H. 4, S. 223–225.

– (1995): «Über die allmähliche Überwindung des Irrtums, es ginge im Chemieunterricht um Naturerkenntnis.» In: *chimica didactica* Jg. 21, H. 3, S. 175–180.

– und Kranich, E.-M. (1995): *Auf der Suche nach dem erlebbaren Zusammenhang – Übersehene Dimensionen der Natur und ihre Bedeutung für die Schule*. Weinheim.

– und Mackensen, M. von (6. Aufl. 1996): *Naturphänomene erlebend verstehen*. Köln.

Busch, G. und Freund, J. H. (Hrsg.): *Gedanke und Gewissen– Essays aus 100 Jahren*. Frankfurt a. M.

Buytendijk, F. J. J. (1956): *Allgemeine Theorie der menschlichen Haltung und Bewegung*. Berlin/Göttingen/Heidelberg.

Chargaff, E. (1980): *Das Feuer des Heraklit*. Stuttgart.

CLIS (1987): *Approaches to teaching the particulate theory of matter.* Leeds: Center for Studies in Science & Mathematics Education.

Combe, A. und Helsper, W. (Hrsg.) (1996): *Pädagogische Professionalität.* Frankfurt a. M.

Creutzfeldt, O. D. (1983): *Cortex Cerebri.* Berlin/Heidelberg/New York.

Curtius, E.-R. (1986): «Die Ästhetik Marcel Prousts» [1924]. In: Busch/Freund (Hrsg.): *Gedanke und Gewissen – Essays aus 100 Jahren.* Frankfurt a. M., S. 113–126.

Czerwenka, K. u. a. (1990): *Schülerurteile über die Schule.* Frankfurt a. M.

Denton, M. (1985): *Evolution. A Theory in Crisis.* London.

Dewey, J. (1951): *Wie wir denken. Eine Untersuchung über die Beziehung des reflektierten Denkens zum Prozess der Erziehung.* Zürich. (Orig.: *How We Think,* 1910.)

Feyerabend, P. (1984): *Wissenschaft und Kunst.* Frankfurt a. M.

Fleck, L. (1980): *Entstehung und Entwicklung einer wissenschaftlichen Tatsache.* Frankfurt a. M.

Freud, S. (1966): *Vorlesungen zur Einführung in die Psychoanalyse.* Werke. Bd. XI. Frankfurt a. M.

Friedeburg, L. von und Habermas, J. (Hrsg.) (1983): *Adorno Konferenz 1983.* Frankfurt a. M.

Friedländer, S. (1998): *Das dritte Reich und die Juden.* Bd. 1: *Die Jahre der Verfolgung.* München.

Fritsch, U. und Maraun, H.-K. (1998) (Hrsg.): *Über ein anderes Bild von Lehre.* Weinheim.

Furrer, R. (1987): «Raumerfahrung in der Schwerelosigkeit». In: *Spektrum der Wissenschaft,* H. 2.

Fuster, J. F. (2. Aufl. 1989): *The Prefrontal Cortex,* New York.

GDCh, Gesellschaft Deutscher Chemiker, Fachgruppe Chemieunterricht (Hrsg.) (1989): *Chemieunterricht in den 90er Jahren.* Essen.

Giesecke, H. (1995): *Wozu ist die Schule da?* Stuttgart.

Goethe, J. W. von (4. Aufl. 1975): *Goethes Naturwissenschaftliche Schriften,* hrsg. von R. Steiner, Bd. 1. Dornach.

– (1977): *Schriften zur Naturwissenschaft,* hrsg. v. M. Böhler. Stuttgart.

– (1981): *Anschauendes Denken,* hrsg. v. H. Günther. (insel tb., Bd. 550) Frankfurt a. M.

– (8. Aufl. 1981): *Werke.* Hamburger Ausgabe Bd. 13, Hamburg.

Golenhofen, K. u. a. (1961): «Zur Natur affektiver Muskeldurchblutung beim Menschen». In: *Pflügers Archiv* 272, S. 223–236.

Goodwin, B. C. (1984): «A Relational or Field Theory of Reproduction and its Evolutionary Implications». In: Ho/Saunders (Hrsg.): *Beyond New-Darwinism*. London u. a.

– (1997): *Der Leopard, der seine Flecken verliert. Evolution und Komplexität*. München.

Gramm, A. und Ruhmann, S. (1996): «Gedanken über Chemie als Unterrichtsfach». In: *chimica didactica* Jg. 22, H. 2, S. 189–202.

Graumann, C.-F. (1964): «Phänomenologie und deskriptive Psychologie des Denkens». In: *Handbuch der Psychologie*, I. Bd.: *Allgemeine Psychologie*, I/2: *Lernen und Denken*. Göttingen.

Grigat, F. (1997): «Es muß etwas geschehen». In: *Forschung und Lehre*, H. 9, S. 468 f.

Grimsehl (1966): *Physik I*. Stuttgart.

Gross, S. (1994): *Lese-Zeichen*. Darmstadt.

Hänsel, D. und Huber, L. (1996): *Lehrerbildung neu denken und gestalten*. Weinheim.

Hagemann, W. und Rose, F.-J. (1998): «Zur Lehrer/innen-Erfahrung von Lehramts-Studierenden». In: *Zeitschrift für Pädagogik*, H. 1, S. 7–19.

Heidegger, M. (7. Aufl. 1988): *Die Technik und die Kehre*. Pfullingen.

Heisenberg, W. (2. Aufl. 1975): *Der Teil und das Ganze*. München.

Hentig, H. von (1993): *Die Schule neu denken*. München, Wien.

Herbart, J. F. (1965): *Pädagogische Schriften*, hrsg. v. Walter Asmus, Bd. II. Düsseldorf.

Herrlitz, H.-G. und Rittelmeyer, Chr. (Hrsg.) (1993): *Exakte Phantasie*. Weinheim/München.

Hessisches Ministerium für Wissenschaft und Kunst (HMWK) (1997): Kommission zur Neuordnung der Lehrerausbildung an Hessischen Hochschulen: *Neuordnung der Lehrerbildung*. Opladen.

Ho, M.-W. und Saunders, P. T. (Hrsg.) (1984): *Beyond Neo-Darwinism*. London u. a.

Hommel, B. und Stränger, J. (1994): «Wahrnehmung von Bewegung und Handlung». In: *Enzyklopädie der Psychologie*, Band *Wahrnehmung*. Göttingen u. a.

Horkheimer, M. (1986): «Philosophie und Studium» [1948]. In: Busch/Freund (Hrsg.): *Gedanke und Gewissen – Essays aus 100 Jahren*. Frankfurt a. M., S. 307–322.

Huber, L. (1996): «Kein Gedanke ans Fach». In: Hänsel/Huber (Hrsg.): *Lehrerbildung neu denken und gestalten*. Weinheim, S. 54–72.

Humboldt, W. von (1956): Über die innere und äußere Organisation der höheren wissenschaftlichen Anstalten in Berlin [1810]. In: Ders.:

Schriften zur Anthropologie und Bildungslehre, hrsg. von A. Flitner. Düsseldorf, S. 82–90.

Husserl, E. (2. Aufl. 1982): *Die Krisis der europäischen Wissenschaften und die transzendentale Phänomenologie*. Hamburg.

Janich, P. (1981): «Methodische Ordnung als didaktisches Prinzip der Naturwissenschaften?» In: *chimica didactica* Jg. 7, H. 3/4, S. 177–188.

– (1995): «Protochemie – Programm einer konstruktiven Begründung der Begriffsstruktur der Chemie». In: *chimica didactica* Jg. 21, H. 2, S. 111–128.

Joling, E., ten Voorde, H. und Verdonk, A. (1990): «Over verstudieboeking: de totstandkoming van feiten beschouwd vanuit een didactische optiek». In: *Tijdschrift voor didaktiek der β-wetenschappen* Jg. 8, H. 2, S. 197–221.

Jonas, H. (1994): *Das Prinzip Leben*. Frankfurt a. M./Leipzig.

Julius, F. H. (1969): *Metamorphose*. Stuttgart.

Just, N. und Schmidt, H.-J. (Hrsg.) (1992): *Grundlinien deutscher Chemiedidaktik – Beiträge zum ersten gesamtdeutschen Sommer-Symposium*. Essen.

Kandinsky, W. (1973): *Über das Geistige in der Kunst*. Bern.

King, A. und Schneider, B. (1991): *The First Global Revolution*. A Report by The Council of The Club of Rome. London, Sydney, New York u. a.

Kleist, H. von. (o. J.): «Der zerbrochene Krug». In: Ders.: *Sämtliche Werke*, hrsg. von P. Stapf. (Tempel-Klassiker) Wiesbaden, S. 329–391.

Knußmann, R. (1980): *Vergleichende Biologie des Menschen*. Stuttgart und New York.

Kranich, E.-M. (1989): *Von der Gewißheit zur Wissenschaft der Evolution*. Stuttgart.

– (1995): *Wesensbilder der Tiere*. Stuttgart.

– (1996): «Anschauende Urteilskraft und imaginatives Anschauen als Wege zum Verstehen von Heilpflanzen». In: P. Goedings (Hrsg.): *Wege zur Erkenntnis der Heilpflanze*. Stuttgart.

– (1997): «Kausales Erkennen als Phänomenologie». In: Ders. (Hrsg.): *Unterricht im Übergang zum Jugendalter*. Stuttgart.

– (1998): «Über die Notwendigkeit einer Qualitätsveränderung im Chemieunterricht». In: *chimica didactica* Jg. 24, H. 2.

Kuhn, T. S. (1973): *Die Struktur wissenschaftlicher Revolutionen*. Frankfurt a. M.

– (1978): «Verschiedene Begriffe der Ursache in der Entwicklung der Physik». In: Ders.: *Die Entstehung des Neuen*. Frankfurt a. M.

Kutschmann, W. (1986): *Der Naturwissenschaftler und sein Körper.* Frankfurt a.M.

— (1999): *Naturwissenschaft und Bildung. Der Streit der «zwei Kulturen».* Stuttgart.

Lassen, N. A., Ingvar, D. H. und Skinhøj, E. (8. Aufl. 1987): «Hirnfunktion und Hirndurchblutung». In: *Spektrum der Wissenschaft:* Gehirn und Nervensystem. Heidelberg.

Lersch, P. (6. Aufl. 1966): *Gesicht und Seele.* München/Basel.

— (11. Aufl. 1970): *Der Aufbau der Person.* München.

Lichtenberg, G. C. (1953): *Aphorismen, Briefe, Schriften,* hrsg. v. Paul Requadt. Stuttgart.

Lovelock, J. (1991): *Das Gaia-Prinzip.* Zürich und München.

Lurija, A. R. (1970): *Die höheren kortikalen Funktionen des Menschen und ihre Störungen bei örtlichen Hirnschädigungen.* Berlin.

Maturana, H. und Varela, F. (2. Aufl. 1987): *Der Baum der Erkenntnis.* Bern u. a.

Messner, R., Rumpf, H. und Buck, P. (1997): «Natur und Bildung. Über Aufgaben des naturwissenschaftlichen Unterrichts und Formen des Naturwissens». In: *chimica didacta* Jg. 23, H. 1, S. 5–31.

Meyer-Drawe, K. (1990): *Illusionen von Autonomie.* München.

Miketta, G. (2. Aufl. 1992): *Netzwerk Mensch.* Stuttgart.

Millar, R. (1989): *Doing Science: Images of Science in Science Education.* London.

Minssen, M. (1994): Rezension von Jens Soentgen: *Die sinnliche Stofferfahrung und ihre Bedeutung für den Chemieunterricht.* In: *chimica didactica* Jg. 20, H. 1, S. 77–83.

— (1998/99): «Der fliehende Hund. Über die Phänomenologie und das Leiden am chemischen Unterricht». In: *Scheidewege* 28, S. 175–204.

Mittelstraß, J. (1998 a): *Die Häuser des Wissens.* Frankfurt a.M.

— (1998 b): «Forschung zwischen Wahrheit, Nutzen und Verantwortung». In: Ders. 1998 a, S. 67–90.

— (1998 c): «Vom Elend der Hochschuldidaktik». In: Ders. 1998 a, S. 213–231.

Müller, G. B. (1994): «Evolutionäre Entwicklungsbiologie: Grundlagen einer neuen Synthese». In: *Evolution der Evolutionstheorie,* hrsg. von W. Wieser. Darmstadt.

Nietzsche, F. (1988): *Unzeitgemäße Betrachtungen.* In: *Kritische Studienausgabe,* hrsg. von G. Colli u. M. Montinari, Bd. 1, München/Berlin, S. 157–510.

Nikolaus von Kues (1942): *Der Laie über die Versuche mit der Waage*. In: Schriften des Nikolaus von Kues, Bd. 5. Leipzig.

Oelkers, J. (1998): «Lehrerbildung – ein ungelöstes Problem». In: *Zeitschrift für Pädagogik*, H. 1, S. 3–6.

Oevermann, U. (1983): «Zur Sache». In: v. Friedeburg/Habermas (Hrsg.): *Adorno Konferenz 1983*. Frankfurt a. M., S. 234–292.

– (1996): «Theoretische Skizze einer revidierten Theorie professionalisierten Handelns». In: Combe/Helsper (Hrsg.): *Pädagogische Professionalität*. Frankfurt a. M., S. 70–182.

Oltmann, O. (1995): «Korrelative statt additive Gestaltauffassung». In: Buck/Kranich (Hrsg.): *Auf der Suche nach dem erlebbaren Zusammenhang*. Weinheim.

Penzlin, H. (1994): Leben – was heißt das?. In: *Biologie in unserer Zeit*, H. 6.

Polanyi, M. (1985): *Implizites Wissen*. Frankfurt a. M.

Pörksen, U. (1997): *Weltmarkt der Bilder. Eine Philosophie der Visiotype*. Stuttgart.

Portmann, A. (1968): «Biologisches zur ästhetischen Erziehung». In: Ders.: *Biologie und Geist*. Frankfurt a. M., S. 309–333.

Postman, N. (1997): *Keine Götter mehr. Das Ende der Erziehung*. München.

Pound, E. (1962): *ABC des Lesens*. Frankfurt a. M.

Primas, H. (1985): «Kann Chemie auf Physik reduziert werden». In: *Chemie in unserer Zeit*, H. 4 u. 5, S. 109–119 u. 160–166.

Prondczynsky, A. von (1998): «Universität und Lehrerbildung». In: *Zeitschrift für Pädagogik*, H. 1, S. 61–84.

Reusser, K. und Reusser-Weyeneth, M. (Hrsg.) (1994): *Verstehen. Psychologischer Prozeß und didaktische Aufgabe*. Bern u. a.

Rieppel, O. (1989): *Unterwegs zum Anfang*. Zürich und München.

Rittelmeyer, Chr. (1996): «Synästhesien. Entwurf zu einer empirischen Phänomenologie der Sinneswahrnehmung». In: Mollenhauer/Wulf (Hrsg.): *Aisthesis*. Weinheim.

– (1997): «Der urteilende Leib. Empirische Materialien zu einer pädagogischen Ästhesiologie». In: *Göttinger Beiträge zur erziehungswissenschaftlichen Forschung* 14.

Rorty, R. (1993): Der Fortschritt des Pragmatisten. In: *Merkur* 47, H. 12, S. 1025–1036.

Rubinstein, S. L. (6. Aufl. 1968): *Grundlagen der allgemeinen Psychologie*. Berlin.

Rumpf, H. (Mai 1985): «Die Bibel der Verschulung. Ein Rückblick auf das Gutachten des Deutschen Bildungsrates 1968». In: *Kursbuch* 80, S. 119–128.

– (1986): Die künstliche Schule und das wirkliche Lernen. München.

– (1993): «Anfängliche Aufmerksamkeiten». In: Herrlitz/Rittelmeyer (Hrsg.): *Exakte Phantasie*. Weinheim/München, S. 123–146.

– (3. Aufl. 1994): *Die übergangene Sinnlichkeit*. München.

Schad, W. (1971): *Säugetiere und Mensch*. Stuttgart.

Schäfer, K. E. (1979): «Individual Respiration Pattern Affecting Metabolic Processes and CNS Functions». In: Ders. u. a.: *A New Image of Man in Medicine*, Bd. II. New York.

Simmel, G. (1983): *Schriften zur Soziologie*, hrsg. von H.-J. Dahme und O. Rammstedt. (stw. Bd. 434) Frankfurt a. M.

Sklovskij, Victor (1971): «Die Kunst als Verfahren». In: J. Striedter (Hrsg.): *Russischer Formalismus*. München.

Soentgen, J. (1993): *Die sinnliche Stofferfahrung und ihre Bedeutung für den Chemieunterricht*. (Staatsexamensarbeit bei Prof. H.-J. Bader) Frankfurt a. M.

– (1996): «Über goetheanische Chemie». In: *Neue Sammlung* Jg. 36, H. 3, S. 467–479.

– (1997): *Das Unscheinbare – Phänomenologische Beschreibungen von Stoffen, Dingen und fraktalen Gebilden*. Berlin.

Solomon, J. (1997): «New Education for Science Teachers in the New Europe – Scientific Languages and Common Knowledge: Is Cultural Integration Possible?» Plenarvortrag auf der ESERA-Konferenz in Rom am 5. Sept.

Steiner, R. (7. Aufl. 1979): *Grundlinien einer Erkenntnistheorie der Goetheschen Weltanschauung*. Dornach.

– (8. Aufl. 1990): *Goethes Weltanschauung*. Dornach.

– (9. Aufl. 1992): *Allgemeine Menschenkunde als Grundlage der Pädagogik*. Dornach.

Stettler, P. (1981): «Wie erleben Jugendliche Physik». In: *Neue Sammlung* Jg. 21, H. 3, S. 246–262.

Straus, E. (1980): «Die aufrechte Haltung». In: W. Bräutigam (Hrsg.): *Medizinisch-psychologische Anthropologie*. Darmstadt.

Süssmuth, Rita (6./7.9.1997): «Wir haben in Deutschland kein Interesse an Bildung». Ein Interview mit der Süddeutschen Zeitung. *Süddeutsche Zeitung.*

Sutton, C. (1989): «Writing and Reading in Science: The Hidden Messages». In: Millar, R.: *Doing Science: Images of Science in Science Education*. London, S. 137–159.

Suzuki, D. T.; Griffith, A. J. F.; Miller, J. H.; Lewontin, R. C. (1991): *Genetik*. Weinheim, New York, Basel, Cambridge.

Toulmin, S. (1968): *Voraussicht und Verstehen. Ein Versuch über die Ziele der Wissenschaft*. (edition suhrkamp Bd. 292) Frankfurt a. M.

— (1990): *Kosmopolis*. Frankfurt a. M.

Trommer, G. (1998): «Naturbildung – Pendeln zwischen Ansichten der Natur». In: Fritsch/Maraun (Hrsg.): *Über ein anderes Bild von Lehre*. Weinheim, S. 130–149.

Wagenschein, M. (1958): *Das exemplarische Lehren als ein Weg zur Erneuerung des Unterrichts an den Gymnasien*. Hamburg. (Auch in ders. 1965 a.)

— (1959): «Zur Klärung des Unterrichtsprinzips des exemplarischen Lehrens». In: *Die deutsche Schule* 51, H. 9, September, S. 393–404.

— (1965 a): *Ursprüngliches Verstehen und exaktes Denken*. Bd. I. Stuttgart.

— (1965 b): «Ein Unterrichtsgespräch zu dem Satz Euklids über das Nichtabbrechen der Primzahlenreihe». In: Ders. 1965 a, S. 102–110.

— (1970): «Die Erfahrung des Erdballs». In: Ders.: *Ursprüngliches Verstehen und exaktes Denken*. Bd. II. Stuttgart, S. 25–57.

— (1980): «Schein oder Wirklichkeit?» In: Ders.: *Naturphänomene sehen und verstehen*. Stuttgart, S. 38 f.

Webster, G. (1984): «The Relations of Natural Forms». In: Ho/Saunders: *Beyond Neo-Darwinism*. London u. a.

Weil, S. (1953): *Das Unglück und die Gottesliebe*. München.

Weinert, F. E. (1994): «Lernen lernen und das eigene Lernen verstehen». In: Reusser/Reusser-Weyeneth, *Verstehen. Psychologischer Prozeß und didaktische Aufgabe*. Bern u. a., S. 183–206.

Weingarten, M. (1993): *Organismen – Objekte oder Subjekte der Evolution*. Darmstadt.

Weinrich, H. (1985): *Wege der Sprachkultur*. Stuttgart.

Wesson, R. (1991): *Beyond Natural Selection*. Cambridge/Mass.

Wittenberg, A. I. (1963): *Bildung und Mathematik*. Stuttgart.

Personenregister

Sachregister

Heinrich Dieckmann, Bernd Schachtsiek (Hrsg.):
Lernkonzepte im Wandel
Die Zukunft der Bildung

1998. 238 Seiten, Leinen,. ISBN 3-608-91950-3

Unsere Gesellschaft ist im Begriff, eine lernende Gesellschaft zu werden. Woran denken wir, wenn wir Begriffe wie Bildung und Lernen verwenden? Das Modell eines zukunftsoffenen, flexiblen Lernens, das die »Open University«, das »Tele-Learning« und andere Formen des »Fernstudiums« oder des »distance learning« praktizieren, ist nicht auf die drei klassischen Bildungssäulen von Schule, Universität, und Berufsausbildung eingrenzt. Es handelt sich um vorwiegend im Ausland etablierte Lernkonzepte, die auch in Deutschland erfolgreich angewandt, aber in der derzeitigen Bildungsdebatte nicht ausreichend berücksichtigt werden. Die wichtigsten Modelle lebenslangen Lernens erörtern die beteiligten Autoren für Theorie und Praxis. Ein Streitgespräch über Formen und Inhalte der Multimediatechnologie setzt sich mit den Chancen und Risiken der Welt des Lernens von morgen auseinander.

Mit Beiträgen von: Ulrich Beck (Universität München), Oskar Negt (Universität Hannover), John Hormann (England), Marc Hoch (Süddeutsche Zeitung, München), Börje Holmberg (Schweden), Sir John Daniels (England), Hans-Peter Fischer (Daimler-Benz), Rolf Arnold (Zentrum für Fernstudien und Universitäre Weiterbildung, Kaiserslautern).

Klett-Cotta

Hans Aebli:
Zwölf Grundformen des Lehrens
Eine allgemeine Didaktik auf psychologischer Grundlage
8. Auflage 1994. 409 Seiten, broschiert, ISBN 3-608-93044-2

Hans Aebli verbindet psychologische Erkenntnisse aus der neueren Zeit mit der Erkenntnis seiner Vorbilder: Jean Piaget, John Dewey und – in der pädagogischen Grundhaltung – Johann Heinrich Pestalozzi: Psychologen und Pädagogen, deren Einsichten allgemein neu diskutiert werden. Sein Ziel bleiben die Einsicht in die Sachverhältnisse und der Erwerb eines gedanklichen Repertoires, das neue Problemsituationen lösbar macht und daher in einem tieferen Sinn ›praktisch‹ ist.
Die zwölf Grundformen sind:
Erzählen und Referieren– Vorzeigen – Anschauen und Beobachten – Mit Schülern lesen – Schreiben, Texte verfassen – Einen Handlungsablauf erarbeiten – Eine Operation aufbauen – Einen Begriff bilden – Problemlösendes Aufbauen – Durcharbeiten – Üben und Wiederholen – Anwenden

Hans Aebli:
Grundlagen des Lehrens
Eine allgemeine Didaktik auf psychologischer Grundlage
3. Auflage 1996. 427 Seiten, broschiert, ISBN 3-608-93116-3

Dieser Band vermittelt Klarheit über die grundlegenden Zusammenhänge, in denen der Unterricht steht: Im ersten Teil finden sich Kapitel, die eine »Taxonomie« unterrichtlicher Tätigkeiten und der Lernbereiche enthalten und sich mit den Vorgängen des »sozialen Lernens« in der Schule, seinen Zielen und Inhalten auseinandersetzen. Der zweite Problemkreis betrifft die »Lernmotivation« und das »Motivlernen«, das zum »Lernen des Lernens« überleitet: Wie lernt man das »autonome Lernen«? Außerdem kommen Themen wie die »Curriculumtheorie«, die Lernzielbestimmung sowie die Unterrichtsvorbereitung zur Sprache.

Klett-Cotta